一流员工敬业工作宣言

从进入单位的那一刻起，我就成为了这里光荣的一员：

从今以后，我要肩负光荣的责任；

从今以后，我要恪守正直的人品；

从今以后，我要拿出优秀的业绩；

从今以后，我要回报领导的信任。

工作是生命中最紧要的事情，我一定要一丝不苟、全力以赴。在工作面前，我深深懂得：偷懒是多么的可耻，这尽管让我拿到了同样的薪水，却使我失去了学习的机会；拖拉是那样的可悲，尽管我享受了一时的安逸，却滋生了懒惰的恶习；借口又是那样的令人鄙视，尽管可以瞒过别人，我却无法面对自己良善的心灵。

来到这个世界上，完成工作就是人的必然使命。任何时候，我都不会轻视我的工作，那样做无异于轻视我自己；无论什么困难，都动摇不了我勤奋努力的决心；无论薪水多少，都影响不了我创新进取的激情。工作就是我的生命，工作代表我的名声；工作就是我的生命，工作决定我的未来。

公司的成功代表着我的成功，公司的失败就预示着我的耻辱！

我要时刻维护公司的利益，如同维护我自己，我要让投机与虚伪在工作中无处存身。我要永远恪守“视公司如我家，视同事为亲人，视质量如生命，视客户如上帝”的承诺。任何时候，任何情况下都不能降低自己做人的品质标准。

我要全心全意，为公司着想，对投资人承担风险的勇气抱以钦佩，对领导的压力抱以理解。我要做到不偏执，不抱怨，不委屈，我知道只有批评自己的人，正是真正帮助自己、提高自己的人。

今天的工作必须今天完成，只有跑在最前面，我们才能在竞争中赢得最大的光荣。责任面前，我要敢于承担，推卸责任是一种比失误更加严重的错误。

我深深懂得：珍惜才会拥有，感恩才会永久。我要每天真心地表达出自己的感恩，感谢给予过自己帮助的人。

每一天，我都要尽职尽责，让平凡的工作增添我个人的荣耀；每一天，我都要勤奋刻苦，让平常的岁月记载下我奋斗的热情。我要让每一天都成为我人生的代表作，让工作成为我快乐的源泉，让敬业成为我生命的丰碑。

珍视新起点！我要把思想的火花擦到最亮，让思维的泉水潺潺流动，让心灵的角落都被照亮，让今日的拼搏换来明日的辉煌。

珍视新起点！早晨，第一缕阳光照射脸庞，所有的活力都像音符跳动，我要呼吸这清新的空气，并对阳光下沐浴的万物表达出我真诚的感恩。我要努力让明天的一切成为我今日誓言的证明。

全球卓越企业极为推崇的理念和价值观

★造就优秀员工的第一思想准则和行为指南★

员工培训 励志精品

做最受单位欢迎的一流员工

讲忠诚 守责任 懂执行

何 山◎著

年度最值得推荐的员工职业培训巅峰力作

▪▪▪▪▪大大节约企事业单位管理成本▪▪▪▪▪

▪▪▪▪▪大大加快员工职业化发展进程▪▪▪▪▪

打造“三位一体”的职业素质体系 培养最受单位欢迎的高效员工

中国长安出版社

图书在版编目（CIP）数据

做最受单位欢迎的一流员工/何山著．—北京：中国长安出版社，2012.9

ISBN 978－7－5107－0565－6

Ⅰ.①做…　Ⅱ.①何…　Ⅲ.①企业—职工—修养

Ⅳ.①F272.92

中国版本图书馆 CIP 数据核字（2012）第 229778 号

做最受单位欢迎的一流员工　　何　山　著

出版：中国长安出版社

社址：北京市东城区北池子大街 14 号（100006）

网址：http：//www. ccapress. com

邮箱：ccapress@ yahoo. com. cn

发行：中国长安出版社　全国新华书店

电话：（010）85099948

印刷：北京普瑞德印刷厂

开本：787mm×1092mm　1/16

印张：13

字数：200 千字

版本：2013 年 1 月第 1 版　　2013 年 1 月第 1 次印刷

书号：ISBN 978－7－5107－0565－6

定价：26.80 元

序 言

在清华大学举办的一个高级总裁班上，老师做了一堂主题讲座：“什么样的员工最受单位欢迎？”。

课堂上，老师对100多名学员做了一次调查。

调查的第一个问题是：“哪一类员工是你们最不愿接受的员工？”

调查结果如下：

（1）工作不努力并且爱找借口的员工；（2）没有忠诚度，损公肥私的员工；（3）缺乏责任心，过于斤斤计较的员工；（4）执行力低下，华而不实的员工；（5）心理素质差，受不得委屈的员工。

调查的第二个问题是：“什么样的员工是你们最喜欢的员工？”

调查结果如下：

（1）没安排工作却能主动找事做的员工；（2）通过找方法加倍提升业绩的员工；（3）忠诚公司，从不抱怨的员工；（4）责任心与执行力强的员工；（5）能为单位提建设性意见的员工。

这一调查结果，证实了一个道理：凡事找借口、缺乏责任心、没有执行力的员工，一定是单位里不受欢迎的员工。凡事讲忠诚、守责任、高效执行、主动找方法的员工，就是单位里最受欢迎的一流员工！

工作中，我们一定要忠诚于自己的职业、忠诚于所在的组织：对于眼下的工作不管你是不是喜欢，都要去适应它、热爱它；不敷衍怠慢、不偷懒耍滑；树立起为自己工作，而不只是为老板打工的心态；把公司的事当成是自己的事一样处理和看待。以这样忠诚敬业的心态来对待工作，怎么可能做不好？怎么可能不被领导喜欢、看重呢？反而是那些才华横溢，却朝三暮四的人会失去很多成功发展的机会。

在这个世界上，没有不需要承担责任的工作，你既然选择了一份工作，就意味着你必须承担起一份责任。没有责任感的军官不是合格的军官，没有责任感的员工也不是优秀的员工。身为员工，你一定要牢记：无论做什么事情，都不能忘记自己的职责，无论在什么样的工作岗位上，都要对自己的工作负责。任何一个最受单位欢迎的优秀员工身上无一不具备勇于负责、敢于承担的优良品质。

那些在遇到问题和困难时，能够迎难而上，高效执行并主动帮助老板解决问题的员工，常常更能经受磨炼，快速提升，并最终成为老板的左膀右臂。而那些习惯得过且过，动不动就找借口逃避责任的员工不但得不到提升，最后也只能得到被企业和社会淘汰的命运。

我们经常可以看到，有人打工一辈子还是原地踏步，有人工作几年就功成名就。其实，影响我们发展的，不是学历的高低，工作时间的长短，而是这个员工是否有忠诚、负责的敬业精神。一流员工会像老板一样关心企业的利益，控制企业的成本，提高企业的效益，承担企业的责任，关心企业的前景，并且不断提升自己的工作能力，只有这样，人才能很快的成长，并且获得晋升的机会。当你以主人的思维方式从事你的工作，随时为老板出谋划策，排忧解难，那么当企业有好的发展机会的时候，老板自然第一个想到的就会是你。毫无疑问，越是为老板着想、忠诚负责的员工越能得到老板的欣赏，越是自私懈怠的员工越得不到单位的认可与重用。

本书告诉大家一个简单而又深刻的道理：“工作中只要你是真诚的、努力的、敬业负责的，你就会成为一名最受单位欢迎的一流员工。”本书除了阐述了“忠诚”、“责任”两方面对于成为一名优秀员工的重要意义外，还说明了立即执行、不拖延的做事风格也是作为一流员工不可或缺的职业素养。本书采用翔实的案例与透彻的分析，阐述了忠诚和责任的工作态度、积极高效的执行力给员工和单位带来的双赢价值，也同时借此传达出了现代组织领导者择人用人的心声。

谨此真诚祝愿：所有单位都能迎来崭新向上的发展气象，所有员工都能实现成功辉煌的人生愿景！

目录

讲忠诚
风雨同舟，公司就是我的家

把公司当家，视工作为事业，以主人翁的心态熟知、理解、融入公司的基本文化，这是一名合格员工的基本素养。不要忘了，我们都是靠工作赚得薪水的，我们必须把公司的问题当成自己的问题来思考。公司好比是一艘航船，老板是船长，员工是船员，当这艘船遭遇风浪的时候，员工必须要与老板协同作战，与公司风雨同舟，帮助它安全远航！

守责任

使命必达，落实责任要到位

工作就意味着责任。作为最基本、最宝贵的职业素质，责任心已经成为很多单位选人用人的重要标准。放弃了对工作的责任，对自身而言，就意味着放弃了在单位发展与提升的机会；对企业而言，你将成为老板难以信赖的人，从而成为随时可能被替代的员工。责任拥有塑造人生的积极力量：负责任不会让你失去什么，相反，在每一份责任心的背后，都隐藏着你意想不到的机遇。

懂执行
全力以赴，打造高效执行力

“执行力高于一切”。那些能够长久经受住市场残酷考验，始终立于不败之地的企业，凭借的都是高效执行力。阿里巴巴董事长马云说过：“一流的创意，三流的执行力；三流的创意，一流的执行力，我宁愿选择后者。”即使是以技术赢得市场的微软公司，比尔·盖茨也曾发出这样的感慨：“微软在未来10年内，所面临的挑战就是执行力。”由此可见，执行力对于任何企业来说都意味深远，事关企业的生死存亡。

讲忠诚

风雨同舟，公司就是我的家

ZUOZUISHOUDANWEIHUANYINGDEYILIUYUANGONG

把公司当家，视工作为事业，以主人翁的心态熟知、理解、融入公司的基本文化，这是一名合格员工的基本素养。不要忘了，我们都是靠工作赚得薪水的，我们必须把公司的问题当成自己的问题来思考。公司好比是一艘航船，老板是船长，员工是船员，当这艘船遭遇风浪的时候，员工必须要与老板协同作战，与公司风雨同舟，帮助它安全远航！

一、公司为家，将职业视为事业

◎ 把工作当成自己的事业

工作是每个人生命中最重要的组成部分，是人生成功的基础。对大多数人而言，为了生存，都需要一份工作。但如果仅仅把工作当成谋生的手段，或者仅仅把目光停留在工作本身，就会将工作当成苦役，即使所干的是自己最喜欢的事，也不能保持长久的工作热情，这样就很容易在工作中得过且过，难有大的作为。

但是，如果能把工作当成自己的事业，情况就会完全不同。我们都知道，事业是一种积极的、主动的、创造性的劳动，是自觉的，是由明确的奋斗目标和进取心促成的，是愿意为之付出毕生精力的，即使在工作中有什么不如意，事业的荣誉感和使命感也会将其很快消融。而且，任何一个人，一旦有了自己的奋斗目标，找到了追求的方向，就会有很好的精神状态和永不枯竭的工作动力，就会排除万难、锐意进取，直到做出一番让自己满意的成就来。

作为员工，只有把工作当成自己一生的事业，全身心地投入进去，才能享受到工作带来的乐趣。有句话说得好：今天的成就是昨天的积累，明天的成功则有赖于今天的努力。如果一个人愿意像经营自己的事业一样来经营自己的工作，那么成功也就离他不远了。

曾有一个重点医科大学毕业的应届生，面对择业充满了困惑，他时刻都在为将来烦恼不堪，因为他觉得：像自己这样学医学专业的人，全国有成千上万，而现在就业形势又是那么严峻，究竟自己的出路在哪里呢？

在现代社会，要想争取到一个好的医院就业就像千军万马过独木桥一样，难上加难。这个年轻人没有如愿地被当时著名的医院录用，他到了一家效益不怎么好的医院。可是从那时起，他就下定决心一定要做出成绩，医院可以不出色，自己的工作也可以平凡，但一定要全力以赴地去争取成功。就是在这种态度的指引下，他最终成为一位著名的医生，还创立了世界驰名的约翰·霍普金斯医学院。

他就是威廉·奥斯拉。他在被牛津大学聘为医学教授时说："其实我很平凡，但我总是脚踏实地地干。从一个小医生开始我就把医学当成了我毕生的事业。"

成功人生的重要分水岭——为事业而不是为工作奔波。把工作当做生活的来源来对待，还是把工作当做自己一生的事业来对待，其结果将有天壤之别。

当一个人把工作当成事业去做的时候，他就会对自己充满信心，即使别人说他"不行"的时候，他也会从内心发出"我行"的坚定力量，他很了解自己在做什么，因为他熟悉行业的情况并清楚自己能做好。当一个人把工作当成事业，他就会用前瞻性的眼光和睿智的思考来对待自己目前从事的职业，他会让工作成为一种兴趣。他知道那是自己生命内在的需要，工作就是自己展示智慧和才华的舞台。在对事业的追求中，他会发现自己的知识得以增长，思想得以成熟，人格得以完善，他会因此由衷地体会到人生的幸福和成长的快乐。

如果不能把工作当成事业来看待，很多人性的弱点如：贪图享受、容易满足、回避困难、自轻自贱、拖沓懒散等，就会像魔鬼一样肆意出没，阻碍我们的发展。

如果你不能把工作当成事业，而只把工作当成一种养家糊口的手段，甚至看到哪个领域赚钱，就跳到哪个行当，那么你一辈子只能做工作的奴隶，最终注定只会一无所获。只有时刻站在事业的高度对待目前的工作，并把它当成事业的起点，为了自己的人生目标而奋斗，你才能真正走向成功。

因为，为事业而工作，才不会成为工作的奴隶。正如有位哲学家说过的："工作就是人生的价值，人生的欢乐，也是幸福之所在。"所以，当你把工作看做是一种快乐时，生活变得美好；当你把工作看成一种任务时，生活变成了奴役。

一个大热天，一群人正在铁路的路基上工作，一辆火车缓缓地开过来，他们只好放下工作。火车停下后，最后一节特别装有空调设备的车厢的窗户突然打开了，一个友善的声音由里面传出来："大卫，是你吗？"这群人的队长大卫回答说："是的，吉姆，能看到你真高兴！"寒暄几句后，大卫就被铁路公司的董事长吉姆邀请上去了。经过一段时间的闲聊后，他们握手告别，火车又开走了。

这群人立刻包围了大卫，他们对他居然是铁路公司的董事长吉姆的朋友感到吃惊。但大卫解释说，20 年前，他跟吉姆在同一天开始为铁路公司工作。有人半开玩笑地问大卫，为什么你还在太阳下工作，而吉姆却成为了董事长？大卫机智地回答说："20 年前我为每小时 175 美元的工资而工作，而吉姆却是在为铁路事业而工作。"

工作是基础，事业是发展，只有把工作和自己的职业生涯结合起来，以事业的态度和眼光做好工作，才能不断取得进步，从而超越自我，达成事业规划，实现人生理想。

有位哲人说得好："如果一个人能够把工作当成事业来做，那么他就成功了一半。"以事业的态度来对待你工作中的每一件事，并把它当成使命，你就能发掘出自己特有的能力，即使是烦闷、枯燥的工作，你也能从中感受到价值，在完成使命的同时，你的工作才会真正变成一项事业。

当我们把工作当成终生为之奋斗的事业来做的时候，我们才会把自己的注意力全部放在工作上，这时候我们自身的潜力才能最大程度地被激发出来，才会深入地思考工作中出现的问题，找到最好的解决方法，才会推陈出新做出新的成绩。也只有这个时候，我们才能通过这个平台，充分展示我们自己的能力和水平。

英特尔总裁安迪·葛洛夫应邀对加州大学伯克利分校的毕业生发表演讲的时候，提出以下建议：

“不管你在哪里工作，都别只把自己当成是名员工，应该学会努力适应，把公司当成是自己开的一样。事业生涯除了自己之外，全天下没有人可以掌控，因为这是你自己的事业。”

工作可能很辛苦，如果把工作当成事业，那么一定会很快乐。工作提供了我们成就事业的机会，没有工作，便不可能有事业。工作就是生活，工作就是事业，这应当是我们永远持有的人生观和价值观，一名优秀的员工也绝对是属于把职业当事业的人。

工作是成就事业的基础，一个人只有把工作当事业，倾注自己全部的激情，投入自己的全部精力，真正醉心于工作，才有可能取得事业的成功。

◎ 从打工者到主人翁

把企业当成是自己的家，就好比是新娘过门，从娘家到婆家的一次转变过程。在把自己当成这家人之后，还要尽快从思想上建立主人的意识，把自己当成主人的人，才算是真正融入了这个家。从此，你会对外称自己和这个家是“我们”，而不是“他们”如何如何。若想使自己融入到新的公司、新的环境，只有自己不把自己设计成“局外人”，才能很快地被别人接纳并融入到他们中间去。对于公司的事要用心、费心、细心地当成自己的事来对待处理，主动地做事，在行动中多为公司的利益着想。让最初的你去依附公司，变为如今的公司来依附你。

世界上没有一个家庭会抛弃它真正的主人，面对工作，如果能以主人的心态来对待、打理它，我们就会有与打工心态不同的收获。打工的心态想的都是工作在为别人，并且用一种被动消极的方式来工作：老板在的时候还会勤快一些，老板不在就是另一番景象了。而以公司主人的心态来做工作，就会很自觉地落实、完成好工作，不管老板在与不在都他们能积极主动、认真负责，工作的成效自然会很高很多。所以，有主人翁意识的员工，在工作各方面的发展与获得各类好处的机会，就远远超过了那些只有打工心态的员工。

打工心态是人消极、懒惰的一种本性体现。若想克服这种本性树立起主人翁的意识，就要学会做自己的老板，以老板的心态来要求自己，这便完成了从“打工者”到主人翁的转变。这一转变不仅能使我们改掉以往懒散、拖沓的坏习惯，还能让自己对公司有认同感、归属感，不会轻易背弃和出卖你所服务的公司。因为老板是绝不会出卖自己公司的。

唯有把自己当成是公司的主人、老板，才能从心底做到对企业忠诚可靠，这也是我们做好一切工作的前提。作为主人是不会看着自己的家受任何不该有的损失的，他一定会不遗余力、竭尽所能地去为这个家解决各种问题，并不断为其创造更多的业绩。

对于工作，在具有主人翁心态的员工看来，他们所做的一切都是不需要任何理由的，都是处于本能的体现。在一种主人翁精神的驱动下，他们自身的能量也被激发得更有力、更强大。

卡尔在这家公司工作有好几个年头了，可他还是像刚来公司报到时那样主动热情。每天吃过早饭，他都会精神十足地开车去公司上班。同事们每天都能看到卡尔神采奕奕地展开各项工作，无论多么艰难的问题摆在他面前，他都从不退缩，无论做多少事情他都不曾喊过累，而且他做的每项工作都力求精益求精。同事们对卡尔充沛的精力感到由衷的佩服，同时也为此感到不可思议，因为工作一天下来，大家都觉得累极了，可卡尔不仅不感到累，还有些意犹未尽的感觉。

卡尔平时常常加班，还主动申请去做那些没有人愿意干的棘手工作。当公司出现危机的时候，他不像其他同事那样急着另谋出路，而是像公司总裁一样急着寻找化解危机的方法……

“卡尔似乎把公司当成自己的财产了，要么他就是一个天生的工作狂，否则的话，他怎么会如此热爱工作，如此为公司的事情大伤脑筋？”同事们这样议论他。那么，作为老板又是如何看待卡尔的呢？让我们听听在一次员工大会上，公司总裁的一段讲话吧：

“公司今年的最佳员工仍然是卡尔。卡尔先生已经连续5年获得此项殊荣，他的家庭应该为有他这样的成员而感到骄傲，他的朋友也应该为有他这样的朋友而感到自豪，所有员工也应该为有他这样的伙伴而受到激励，公司更为有这样的员工而倍感荣幸。另外，公司的发展正是在像卡尔一样忠诚和优秀的广大员工的共同努力下实现的。在此，我感谢卡尔，感谢像他一样为推动公司发展付出切实努力的员工。”

有人问卡尔为什么工作起来不知疲倦？为什么愿意为公司付出这么多精力？卡尔回答：“当我接受一项工作时，我实际上是在完成一项让我有强烈成就感的使命，而且这项工作越富有挑战性，我内心的成就感就越强。至于我为什么愿意为公司付出那么多的精力，我想这个问题更容易回答，因为我的事业和公司的事业是绑在一起的，我认为从某种角度上说公司就是我的合伙人，我们必须朝着同一个方向共同努力。如果我努力了、进步了，那么公司的事业就会得到发展；同时，公司的持续发展也为我个人的进步提供了优越的条件。所以我认为，我为公司付出多少都是值得的，也都是应该的。”

卡尔以主人翁的心态来对待公司，他非常清楚地认识到自己在事业上的进步和发展与公司的发展是紧密相连的。只有不计得失地为公司付出，公司才能发展，同时，个人的发展平台也就更大，得到的也更多。

为公司利益着想的员工，自身的能量总能被无限地激发出来，旺盛的精力也必然能激发出更多有效的灵感。毫无疑问，作为最能为公司奉献出能量的员工，一定就是公司最值得信赖和仰仗的伙伴！

◎ 薪水并不是工作的全部

很多人把工作视为一种等价交换，他们认为我在公司干活，公司付我一份报酬，仅此而已。在工作中，他们不愿意多付出哪怕超出工作时间一分钟的劳动，他们只想着对得起自己目前的薪水就行了，他们根本看不到工作本身对自己的人生意义。

某公司一位员工，在公司工作了10年，薪水一直未涨。一天，他终于忍不住内心的不平，当面向老板诉苦，要求老板给他加薪。老板直言道："你虽然在公司呆了10年，但你的工作阅历却不到1年，能力也只是新手的水平。"

当一个人仅仅为了薪水而工作，你给我多少薪水，我就付出多少努力，甚至为了报复老板，故意躲避工作，或在工作过程中敷衍了事，那他必然会因此埋没自己的才能，消灭了自己的创造力，也就使自己一切有别于他人的特点都无法获得发展，最后生命枯萎，希望破灭，终其一生，只能成为一个庸庸碌碌的无为之人。

试想，一个人如果总是为自己到底能拿多少薪水而大伤脑筋的话，他又怎么能看到工资背后的成长机会呢？他又怎么能在工作中获得比薪水更重要的技能和经验呢？他的人生价值靠什么来实现呢？

一个只会为自己的懒惰和无知找理由的人，一个总是埋怨老板对他的能力和成果视而不见的人，一个开口闭口老板太吝啬的人，一个认为自己付出再多也得不到相应回报的人，只会逐渐将自己困在装着工资的信封里，永远也不会懂得自己真正需要的是什么。

薪水只是工作的一种回报方式，是最直接的一种，但绝不是惟一的。一个人如果仅仅把薪水作为个人的奋斗目标，没有更高远一些的自我提升和发展的意识，那他永远走不出平庸的生活模式，也无法拥有真正意义上的成就感。

那些只为薪水而工作的人不妨问一下自己，如果工作仅仅是为了赚钱，那么，世界首富比尔盖茨为什么还要工作？华人首富李嘉诚为什么还要工作？他们不但积极地投入工作，而且还那么卖力。他们的工作动力从哪里而来？

关于这个问题，或许我们可以从美国 Viacom 公司董事长、萨默·莱德斯通的话里找到答案。他说："实际上，钱从来不是我的动力。我的动力是对于我所做的事的热爱，我喜欢娱乐业，喜欢我的公司。我有一种愿望，要实现生活中最高的价值，尽可能地实现。"

是的，正是为了这种自我实现，他们在繁忙的工作中乐此不疲。因此，我们必须要懂得一个道理：工作绝不仅仅是为了养家糊口，而是一种实现自我价值的方式。为我们提供工作岗位的企业，是我们施展才华、迈向成功的平台。而从工作中获得尽可能多的技能和经验，是人们实现自身价值的最基本的方式和途径。

美国西部，有个年轻的小伙子梦想着自己能够成为一名新闻记者，可他没有经验也没有熟人，他不知道如何才能得到一份报社的工作。有一天，他灵机一动，给报界名人马克·吐温写了一封求助信。

几天后，他收到一封改变他未来命运的信，信中说："假如你能按照我所说的去做，我可以帮助你在报界谋得一个职位。你现在要告诉我的是，你想到哪家报社去工作？"

小伙子异常兴奋地写了一封回信，信中说明了心仪报社的名称和地址，并向马克·吐温诚恳表态，愿意听从他的指示。

又过了几天，小伙子收到第二封信，信中说："如果你肯暂时只做工作而不拿薪水，你到任何一家报社，都不会遭到拒绝；至于薪水问题，你可以慢慢来。你可以对报社的人说，我非常热爱记者的工作，我可以从零做起，并且不要任何报酬。听我的，我保证你会找到一份你想要的工作。”

“当你得到第一份工作后，不要以为不拿薪水就可以没有工作压力；正相反，你一定要全力以赴。得到那家报社的重视以后，你再到各地去采写新闻。如果你所采写的新闻稿件确实符合编辑部的要求，报社自然就会陆续发表你的作品。当你正式成为一名外派记者或编辑时，也就自然成为这个报社中的一员了。慢慢地，大家会觉得离不开你，你自然就不用为自己的薪水担忧了。”

读完这封信，年轻人很兴奋也很担心，他也不知道能否行得通，但还是照做了。就这样，他来到当地一家向往已久的很有名气的报社。在报社工作的第一个月里，他遵照马克·吐温先生的嘱咐，兢兢业业地去做好每一件很琐碎的事情。不久他就能采写新闻稿件供给编辑部了，而编辑部也注意到了这样一位与众不同的小伙子，于是，他采写的新闻频频出现在报纸上。

渐渐地，这位年轻人的才气与名字已广为其他报社所熟知。几个月后，他收到了另外一家知名报社的聘书，表示愿意出高薪聘请他。他所在报社听说此事后，以双倍的薪水待遇将他留了下来。就这样，他留在那里继续工作。四年后，他成了那家报社的主编。

在现实社会里，每个人的职业理想都必须通过工作来实现；我们的个人价值，也要在工作的过程中得以体现，否则我们就很难来证明自己。只有不计报酬，认认真真将工作做好了，得到了领导和他人的认可，我们才能获得相应的精神和物质回报，拥有自己理想的社会地位，并最终实现自己的职业理想。

马克·吐温这位世界级的大师告诉年轻人，只要用心，走到哪里都不难找到工作；只要有了工作，就不难迅速晋升。在此过程中，不要只想着企业能给你什么，而应想着你能为企业做些什么，那些只知道向企业索取的人则会遭遇失败。

40多年前，约翰·肯尼迪在总统就职典礼上曾说过这样一句话："不要问你的国家能为你做些什么，而应该问你能为国家做些什么。"肯尼迪的这句话，道出了大多数人无法获得成功的原因，也改变了我们对工作的看法。

任何时候，报酬都不是工作的全部，工作是为了实现自我价值，是为了完成我们的使命。从踏上工作岗位的那一刻起，我们就必须明白这样一个道理：工作是为了实现价值，为了完成我们的使命而不仅仅是薪水。

因此，作为一个员工，一定要了解公司的使命是什么，自己的使命是什么，怎么做才能真正实现自己的价值？这样，工作起来才有真正的动力。当我们为使命、为实现自我、而非为金钱工作的时候，我们不仅能够获得更多的金钱，还能获得更多的成就感与满足感，才真正实现了我们人生的意义。

◎ 把公司的利益放在首位

在当今市场经济时代，商品意识充斥着人们的头脑，很多人斤斤计较于个人的私利。对于企业来说，无论是普通员工还是中高层的管理者，如果都只为自己的利益着想而不考虑公司的利益，那么企业将很难在市场竞争中立足，更谈不上发展壮大了。因此，作为员工，应该有"公司利益高于一切"的意识，无论在什么情况下，都把维护公司利益当做自己的首要任务。

把公司的利益放在第一位，需要企业里的每一位员工都具有主人翁精神。主人翁精神对于一个企业的竞争力来说是非常重要的。因为只有员工以公司为家，把企业当做自己的家业一样对待，才会尽可能地降低企业运营成本，才会最大限度地发挥自己的潜能和主观能动性，这样一来，公司在无形中就会形成强大的竞争力。

当个人利益与企业利益发生冲突时，我们要做到舍弃“小我”，顾全“大我”，千万不能为了个人私利而置企业利益于不顾，那样做最多只能给自己带来一时的好处，但从长远来看，则是非常不明智的。试想一下，如果企业的利益得不到保障，个人利益根本就无从谈起。为了个人利益牺牲企业的整体利益，倘若企业发展因此受阻，必然会波及员工自身，届时你又将如何获得一己的利益呢？

可以说，企业是所有成员共同生存、发展的平台。如果将企业运作比做一盘棋的话，那么企业利益至上、内部服从市场、局部服从全局的观念，就好比棋中的“大局观”。只有懂得区分“大”和“小”，员工才能做出合理的取舍；只有适当地牺牲局部利益，才能换取全局的成功。企业发展了，员工也能够获得一份稳定的工作和收入。因此，一个真正聪明的员工绝不会只关心自己的工资和福利待遇，而会从大局着眼，时刻关注公司的利益。

从某种程度上来说，不能维护公司利益的员工是很可怕的，特别是那些所谓的“职场精英”。他们身居要职，参与公司的决策，了解公司的机密，他们的一些行为甚至能够直接影响到公司的生存和发展。如果他们居心叵测，公司必将损失惨重，甚至在市场竞争中一败涂地。而对他们个人来说，也终将落得身败名裂的下场。因此，每个员工都必须保持做人的良知，要时刻留意自己的行为不偏离正确的轨道。

余世洪从技术学校毕业后，有幸进入一家大公司供职。由于他能说会道，做事果断，进公司不久即被提拔为技术部经理。对他来说，只要自己好好干，前途是无限光明的。

一天，有位外商请余世洪去赴饭局，席间推杯换盏。几杯酒下肚，外商忽然很正经地对他说：“老弟，我想请你帮个忙，行不行，只听你一句话！”

“帮什么忙？”余世洪很奇怪地问道。

“是这样，”外商说，“最近我们公司和你们公司正在谈一个合作项目，如果你把你们公司的技术资料给我一份，我们公司就会在谈判中占据主动。怎么样？你能不能尽快给我复制一份？”

“什么？你是说让我做泄露公司机密的事情？”余世洪心里有些不快。

外商赶忙说道：“我不会让你白帮我的忙的。如果这件事办成了，我就给你10万元的报酬。另外，这件事情除了你我之外，绝对不会有第三个人知道，对你一点儿影响都没有。”

说话间，外商拿出一张10万元的支票。余世洪看着这个诱人的数字，心动了。

结果，在谈判中由于外商获得技术资料，掌握了对方谈判的底线，余世洪所在的公司损失很大。事后，公司查明真相，立即辞退了他，还把他收受的那10万元贿赂追回，以抵偿公司的损失。此时余世洪懊悔不已，但为时已晚。

阿尔伯特·哈伯德说：“多年来我从没有见过危害公司的人得到过幸福，你也不会见到，永远不会。”一个人即使很有才华，如果他时刻只为自己的利益着想，而不把公司的利益摆在首位，那么他就不能算是一个优秀的员工，也难以在工作中取得很大的成就，并且最终还要被公司抛弃。每个员工都必须坚守做人的原则，讲究职业道德，不出卖公司的利益，同时也不出卖自己的良知。在当今社会，形形色色的诱惑几乎遍地都是，你抵制住了诱惑，就维护了公司的利益，也守住了我们心灵的那片净土。

大家知道，回扣几乎存在于各个行业，只要有交易的地方几乎都有回扣的影子。而回扣问题的存在，必然导致公司采购成本的提高。一些员工在为企业采购的过程中有吃回扣的做法，这不仅严重损害了个人形象，还使企业的经营蒙受损失，是典型的舍“大我”为“小我”

的行为。身为员工，千万不要忘了自己的角色，你是要为公司争取利益的，而不是为个人私利去损害公司利益的，并且如果回扣的数额太大，你还要遭受法律的惩罚，可谓得不偿失。

一些员工认为，钱是企业的，损失点、浪费点和自己没有多大关系。他们眼里只有自己的工资和福利，心里想的是只要每个月的薪水能按时到账就行了，至于其他的事与自己无关，又何必操那么多的心呢？我们且不说钱到底是不是只属于企业，每一个员工至少都应该明白，自己的工资收益是完全来自于公司收益的。既然如此，那么为企业减少损失、增加赢利的行为，实际上不也是在为自己谋福利吗？

对于员工来说，把公司的利益放在首位，就要顾念公司培养自己的恩情，当竞争对手来挖公司的墙角时，不为高薪和高职所动，同时也不要随随便便就跳槽。跳槽不但使我们自身遭受一定的经济损失，也给企业带来诸多不便。比如眼前工作的中断、花费一定的金钱招聘新员工、对新员工的培养等，因此没有哪家公司愿意任用那些不努力工作、动不动就想用跳槽来改变自己境遇的员工。所谓“既来之，则安之”，既然选择了一个岗位，就要勤勤恳恳地做下去，努力提高自己各方面的才干和能力，不但会使公司受益，个人也能更好更快地接近自己理想的薪金和职位。

身为员工，一定要明白自己是公司的一员，公司发展了，你才能得到发展，如果公司倒闭了，你也不会得到什么好处。而要想成为公司里的卓越员工，你就要与公司风雨同舟，并且处处以公司的利益为重。当把公司利益摆在第一位时，你会发现自己获得的更多。你在公司会更受欢迎，你会被委以重任，升迁之途也顺畅了许多。

◎ 与你的公司风雨同舟

在风起云涌、波澜壮阔的市场大海洋中，企业就如一艘航船，如果说老板是船长，那么企业的所有员工就是船员，这艘航船能否安全驶达目的港，需要全体船员的共同努力。作为员工来讲，如果你想进入一个公司，一定要谨慎地选择，因为当你选择了一家公司、成为其中的一员时，你就等于上了一艘船，你的命运就和它紧紧联系在了一起。你们有着共同的目标和方向，而这艘船的命运就是包括你在内的所有企业成员的命运。当出现问题时，你要想办法拯救它于危难之中，而不是独自逃生。

一定要记住：只要是这个公司的员工，你就是这艘船的主人，而不是乘客。一旦把自己当做乘客，你对待公司的态度就会发生根本性变化。看过电影《泰坦尼克号》的人都会有一个深刻的印象：当泰坦尼克号在海上航行出现问题时，乘客们大多都是慌里慌张地逃生，而船上的工作人员——从船长到水手，却在有条不紊地开展救生工作——发 SOS 求救信号，放救生艇、救生筏，指挥各方营救妇女儿童先上救生船等。当所有的营救措施都用完之后，船长整理好自己的制服，回到他的办公室，与所有坚守岗位的船员一起，安静地选择了与泰坦尼克号一起，在海上消失！

可以说，公司的命运与员工个人的命运永远有着千丝万缕的联系，所谓“一荣俱荣，一损俱损”，企业发展好的时候，是我们的骄傲和光荣；企业有困难的时候，我们也有责任为它贡献一臂之力。与公司共命运是每个员工的神圣职责，无论身处哪个岗位，你都是这家公司的一分子，都应该肩负起自己的责任，帮助企业这艘航船抵御住市场大潮的冲击。我们深信，只要所有员工同心协力，对自己的工作负责，对企业负责，公司就能在市场竞争中立于不败之地。

现实中，很多职员似乎从来没有把公司发展当做自己的责任，总是想方设法向公司谋取更多的利益。由于他们心里想的只有自己的利益，一旦公司出现什么危机，他们会以最快的速度跳下这艘漏水的船，而不是想着要如何去保护和挽救它。这样的人或许能够谋得一份赖以生存的工作，却无法取得任何成就。只有一个能够时刻与公司同生死、共命运的人，才能得到最大的回报。

陈也然大学毕业后，只身到南方闯荡天下。他通过招聘会进了一家计算机软件公司，这家公司的规模很小，注册资金只有10万元，连老板在内总共只有七八个人。他之所以进这家公司，主要是由于背井离乡急于安身，另外还因为老板要给员工股份的承诺。老板也是一个年轻人，比陈也然大不了几岁，看上去一副书生模样，对人态度很诚恳。

就这样，陈也然进了这家计算机软件公司上班。办公地点是在一间废弃的地下室，不用说各方面的条件都很差，大家只能极力忍耐着。虽然公司的产品市场前景看起来不错，但由于资金不到位，随时都有可能将他们美好的梦想扼杀在萌芽状态。而最要命的是，因为产品没有知名度，只好赊销，欠款迟迟收不回来，连员工的工资都无法按时发放。就凭这样的条件，要想与那些实力雄厚的大公司竞争，实在是难上加难。

大家苦撑了几个月之后，公司终因资金链断裂，濒临倒闭。本来不多的几个人纷纷走掉了，只剩下陈也然和老板两个人。看着老板憔悴的眼神和孤独然而坚定的背影，陈也然没有动摇，反而更加坚定了自己的信心。他原本就是个不服输的人，这时他对公司的使命感已和老板没什么区别。他想，自己能做的就是和老板风雨同舟，充分发挥自己的才智，精益求精，把产品做到最好。

半年后，老板终于筹措到了一笔资金，公司开始恢复运转。由于产品质量好，市场前景广阔，他们还成功说服了一家有实力的公司前来投资。之后，他们全身心地投入到一种早被市场看好的新软件的研制当中，常常吃住在半地下室。经过一段时期的努力后，他们终于推出了完美的产品。产品上市后供不应求，他们也掘到了公司开业以来的第一桶金。于是，接下来公司招兵买马，不断发展壮大，短短几年工夫就成为行业内著名的软件公司。

老板并没有忘记当初的承诺，他十分感念陈也然在公司危难时独自陪在自己身边的那份可贵的情谊，不但提拔他为公司的副总经理兼技术总监，月薪升至两万元，还送给了他 40% 的公司股份。

诚然，一个公司的发展离不开许多精英人士，但公司要想获得持久稳定的发展,更需要那些能够与之共命运的人才。每个老板都不是全才，对公司的事不可能考虑得面面俱到，而当公司遇到困难时，老板单凭一人之力也很难解决。这时，如果你以主人翁的心态为公司出谋划策，而不是把自己当做局外人袖手旁观，甚至是看热闹，你就已经赢得了老板的信任，并成为他的左膀右臂。要知道，一个能够与企业共命运的人才是企业真正需要的人。企业成功了，你自然也功不可没。

很多人认为：我为公司工作，公司发给我薪水，这是理所当然的事情，没有什么不对劲。但要谈到公司的发展，他们则表现出前所未有的冷漠，觉得那和自己没有关系。哪一天公司衰落了，自己换个公司就可以了，如果将所在公司的发展当做自己的责任的话，那么自己开个公司岂不更好？持这种观念的人是很可悲的。要知道，公司就是你的第二个家，人一辈子待在企业的时间要占到 1/3，可以说，员工个人的价值和愿望很多都要通过企业的发展来实现。公司虽然不能要求员工为之奉献一辈子，但在其尚处于发展阶段时，却需要他们仍能够积极努力地为公司工作；在其陷入困境时，也需要他们尽上自己的一份力，帮其渡过难关。因此，在公司陷入困境时，你要考虑的不是如何离开，而是解决问题、让公司摆脱困境的方案。

只有与公司共患难，才可能与公司共成长。要知道，在公司的危难时刻，你可能学到别人工作几年、几十年也学不到的经验教训，你还会认识到一些甘苦与共的朋友。他们在患难之中了解了你，相信将来也会把重要的机会留给你。而在危机过后，因为你能够与公司共命运，自然也能够赢得老板的赏识与重用，加薪和升迁则势在必然。因此，作为一名员工，无论是出于职业道德，还是出于为人处世的原则，也无论是为公司还是为自己，都要随时保持对企业的高度关注，随时准备挽救企业于危难之中。“不经历风雨，怎么见彩虹”，只有经历了苦难，才能享受到真正成功的喜悦，而历经艰辛之后，在分享胜利果实的盛宴上，也将会有你的位置。

◎ 要多为公司发展想一想

在职场中流传着这样一句话：“要想工资有增长，就要创造三倍于工资的价值。”我们不必去考究事实是否真的如此，但从这句话中我们应该明白这样一个道理：要多想想自己能为公司做些什么，而不要老想着自己能从公司得到些什么。只有多从公司的角度出发，多为公司谋利益，员工个人才有可能得到更好的发展。

企业不是靠大家轻松地聊聊天、喝喝咖啡就能维持运转的，只有全体员工出色完成公司下达的任务，创造了丰厚的利润，企业才能持续发展下去。对于员工来说，如果你每月还能按时领到薪水，那么不是因为别的，只是因为你完成了所在岗位规定的任务。

职场中有些员工的薪水很高，有些员工的薪水却较低，呈现出两极分化的状态，这又是为什么呢？还是因为员工为企业创造价值多少的问题。那些将为企业创造利润作为艰巨使命的员工，不计较个人的得失，在工作中能够全力以赴，因而会尽可能多地为企业创造价值。而有些员工总是不愿意为公司多付出一些，喜欢斤斤计较。他们在工作中没有更高的追求，有的只是赚钱养家的想法，争名逐利的念头。由于满脑子想的都是职位和薪水，即使没有为公司做出什么贡献，他们也会不自量力地去争一争。要知道，丰厚的报酬是建立在出色的工作业绩基础上的，如果你真正做出了成绩，为公司赢得了利益，老板自然会对你产生信任，给你多发一点儿奖金或多提一级工资也会觉得无所谓，又何须你去争得头破血流呢？

一个员工在做任何事情的时候，都应该多替公司想一想。当你时刻为公司着想时，就会在不自觉间树立起“主人翁”意识，把自己看成是企业团队中的一分子，把公司的事当成自己的事，为企业的发展尽其所能，并不以个人得失来衡量自己所付出的劳动。现实中，那些在工作中循规蹈矩、恪尽职守，完成本职工作后宁愿干待着也不愿做别的事的员工，不会受到公司的欢迎，也无法在公司获得良好的发展。而在完成本职工作之后，还在努力想着公司的其他工作，想着如何才能为公司多做点儿贡献的员工，才是最受公司欢迎的员工，也才能更好地实现自己的价值，取得更大的成就。

事实上，我们工作并不单纯是为了老板或公司，更是为了自己。不计较一时的得失，时刻站在公司发展的角度考虑问题，无疑可以让自己取得更大的进步，赢得更多的发展机遇。现实中，如果你的付出总大于回报，你就会得到更多机会为企业、为社会创造价值，从而找到属于自己的好位置。

然而，有些员工在工作时只想着“将来我能拿多少钱？能接受什么培训？能享受哪些福利？”而不是先考虑“我能为公司做些什么？创造什么价值？”他们做事不认真，处处投机取巧，担心自己所耗费的精力和时间超出了薪水所得，因为没有额外的津贴，便不肯多动手，不肯多提出一些改进的意见。这样的员工，无论他的学识多么丰富、才干多么出色，也绝对不可能有出头之日。在工作当中，你一定要认识到除了薪水和福利待遇之外，工作还可以让你积累丰富的经验，提高自身的能力，为日后谋取更好的待遇增加砝码。

真正的人才是积极想办法为公司创造财富的人。在工作过程中多提一些合理化建议，不但可以证明你的责任心，也可以为企业带来巨大的效益。对于一个负责任的员工来说，他会特别关注企业中存在的问题及遇到的困难，并积极地为企业提出好的建议。要知道，“利润至上”是每个公司获得发展的原始推动力，只有多一些想法、多一些创意，将自己的才华与实际相结合，帮助公司尽可能多地赚取利润，才能体现出你对于公司存在的价值。

不要只完成老板分配给自己的任务，除了做好本职工作外，多做一些分外的工作来培养、锻炼自己的能力，你将会引起更多的关注。对于员工来说，要多为公司付出一些，少向公司索取一些；站在公司发展的角度多替公司想一想，而不只是关注个人的利益；在接到任务时，脑中想的更多的是如何圆满完成，而不是“我做这事，公司给我多少钱”，并立即付诸行动。这样你所在的企业就能在市场经济的大潮中乘风破浪，急流勇进，而你自己也能够屹立在企业这艘大船的船头，独享风景。

二、拒绝诱惑，做公司最忠诚的战士

◎ 工作就要忠于人，勤于事

所谓的“忠诚”，就是忠于人、勤于事的一种宝贵的道德情操，任何人在任何时候都应该坚守，大到国家，小到集体和组织甚至家庭，都需要我们心怀忠诚。而在当今的职场中，忠诚是最为公司重视的品质，忠诚于企业和老板、忠诚于自己所从事的职业，对职场中人的“钱”途来说至关重要。

当一个人怀有忠诚之心时，他就会时刻关注企业的兴衰成败，视企业发展为己任。可以说，企业发展是他唯一的思考方向，他愿意为企业奉献超值的服务，最重要的是他还会以所在的企业为荣，真正把企业当成自己的家、把企业的事当做自己的事来对待。身为一名员工，你不妨时常问一下自己：我忠于雇主吗？我忠于公司吗？如果你做到了以下两点，就能证明你对公司是足够忠诚的了。

首先，你对公司的经营策略表示认可，并从心底由衷地尊重你的老板。这样你就会产生要同公司一起发展的事业心，即使在工作当中偶尔与老板产生一些细节上的分歧，你也不会太在意，而会本着忠诚和崇敬之心求同存异、化解矛盾。另外，如果有时候你对工作环境产生了一些悲观失望的情绪，你也不会就此退缩，而会为了营造一种和谐融洽的氛围去努力奋斗。

其次，除了做好分内的事情之外，你还表现出对老板事业兴旺和成功的兴趣。对于一个忠诚的员工来说，做好本职工作是自己不可推卸的责任，除此之外，你还要为公司多做一些力所能及的活儿。不管老板在不在场，你都会尽心尽力地去做好工作，会像对待自己的东西一样照看好公司的一切财产和设施。可以说，在老板背后的忠诚是员工忠诚的最好体现。

如果你对忠于企业和老板存在着很大的疑虑，或者甚至是觉得很不屑，不妨再想想自己的薪水从哪里来。在一个企业当中，利益的分配大抵是这样的：一部分以税收形式上缴国家，一部分以公益支出形式回报社会，一部分以红利形式给了股东，一部分以薪酬福利形式分配给员工，剩下的一部分则以公积金形式留作企业的下一步发展所需。对于公司来说，所有这些费用和支出都不可避免，而公司既然提供给你一个发展的平台，让你领取了一份可赖以生存的薪水，你就应该为这个平台承担起一份责任，贡献出一份价值。古代的侠义之士既有“士为知己者死”的豪情，当今的职场人士也应当有“与企业同命运”的忠心，否则员工不顾公司死活一味勒措公司，到最后恐怕连给自己发薪水的主子都找不到。

作为员工一定要明白：一旦进入了一家企业，我们的命运就开始与它紧密相连，公司的兴衰同样也预示着个人的兴衰。因此，在日常工作中，我们不但要服从和执行领导的命令，表现出对领导的忠诚，还要以企业的利益为基本出发点，更全面地进行考虑，及时向领导反馈自己的意见。正如哈佛大学教授乔西亚·洛伊斯在其著作《忠诚的哲学》一书中所说：“忠诚自有一个等级体系，也分档次级别：处于底层的是对个体的忠诚，而后是对团体，而位于顶端的则是对一系列价值和原则的全身心奉献。”既然身在企业，拿了老板的钱，在不违背信仰或操守等原则的情况下，我们就要为企业着想，做企业需要的事，自觉维护企业的利益，这就是忠诚的最直接表现。

现如今，随着市场经济所衍生的自由化思潮的影响，个人就业的选择余地很大，这就使得企业老板更为看重员工的忠诚这一美好品质了。在一项对世界著名企业家的调查中，当问到“您认为员工最应具备的品质是什么”时，他们几乎无一例外地选择了忠诚，由此可见忠诚的员工在老板心目中占据着怎样的地位。虽然考察一个员工有很多的素质要求，但老板仍更愿意任用那些忠诚的员工，即使他的能力稍微差一点。不可否认，企业要靠利润生存，追求利润至上的企业往往能够基业常青，但事实是只有全体员工都对企业足够忠诚，才能很好地发挥出团队的力量，推动企业走向成功。

在现实中，对于一个员工来说，只有心怀忠诚去做好本职工作，才会赢得老板的信任和赏识，得到加薪和晋升的机会。在一个公司内部，你的职位越高，公司对你忠诚度的要求也会越高。这不难理解，职位高的员工在公司发展过程中所起的作用相对来说要大得多，如果他轻易背叛公司，企业的生存和发展势必会受到严重的威胁。因此，对普通员工公司可能只要求他对工作要有责任心；对中层员工则不但要求他要有责任心，还要具备上进心；而对高层员工来说，有责任心和上进心还不够，他还要能够适应公司的发展规划，并把公司当成自己开的一样，全身心地为公司工作。只有这样，老板才会放心地对他委以重任，当然也会给他很高的薪酬待遇。

作为一名员工，如果你渴望在公司占据重要的职位，渴望得到加薪的奖赏，就要忠于人、勤于事，把忠诚当做为人处世的第一准则。在此基础上，你可以逐步培养正确的道德观，发展真正的好品格，在一步一步前进的过程中，不知不觉提高自己的能力，争取到成功的砝码，你的老板总有一天会给你理想的回报的。

◎ 忠诚是值得信赖的品格

在许多人眼里，成功的人、工作很优秀的员工都是因为有能力，非常聪明才有所成就的。其实，我们只不过看到了表面，有些人之所以能取得一些成就，还不光是能力、才学的问题，特别是在工作和事业上，除了这些硬件条件外，一个人的人品，尤其是忠诚度所起的作用，甚至超出了能力的作用。

忠诚的人做事认真、尽心尽力、勤奋踏实，即便是能力还不够，也能通过其勤奋的工作态度来逐渐提高。对于这样的员工，领导能够信任、放心地将重要工作交给他，因为忠诚的员工一定会尽职尽责地将其完成。

因此，老板在考量一个人是否可用时，都会将忠诚放在所有素质的首位。忠诚的员工具有高度负责的精神，他们能没有借口地将工作任务完成到底，决不会拖延和懈怠，这种工作态度自然能创造出很好的效益。同时，他们的人格魅力和做事认真的态度也能感染其他的员工，使公司更具凝聚力和竞争力，能够让公司在复杂多变的市场竞争中立于不败之地。

忠诚在现代企业的精神中，早已超出了传统意义，它已经不是简单的忠诚可靠、尽忠职守。在现代企业的精神范畴内，忠诚是一种高层次的精神境界，是忠于职守、无限热爱自己工作的敬业表现；是甘于奉献努力实现个人价值的职业操守；是赢得信赖与支持、受人重用的唯一途径。一个成功学家曾说："如果你是忠诚的，你就是成功的。"忠诚是心灵之钥，它让我们获得别人的信任与支持，并会给我们带来意想不到的机会和礼遇；忠诚是护身符，它让我们在无论多么艰难险阻的情况下，都能矢志不渝地坚持所坚持的东西，这种精神无疑是我们成就自我、成为优秀员工的通行证。

有这样两个公司，他们正进行着一场激烈的商业谈判，双方的交锋异常尖锐。A公司的谈判人员事先定好的计划要想在谈判中实现恐怕会有一些问题，但是他们必须获得成功，因为这次交易的商业利润非常可观。B公司也有自己的原则，但是他们不能轻易地亮出自己的底牌。谈判在各自利益的取向中僵持着。

A公司一直摸不清B公司的底线是什么，经过几天的周旋，还是雾里看花。A公司的谈判助理说："实在不行，我们就收买他们的谈判人员，答应谈判成功之后给他满意的回扣，这对我们来说，是舍小保大，从长远来看，是值得的。而且我听说C公司和D公司已经加入了这次谈判，如果不采取措施的话，可能会失去这次机会。"

A公司谈判副主席对此不同意，他认为这样做有悖公平竞争的原则。

可是，A公司谈判主席，也就是这家公司的副总裁，认为可以试一下，他说："我想证明一个问题。"

A公司的谈判助理认为，世界上没有人是不喜欢钱的，"重赏之下必有勇夫"。他制定好计划后就开始了运作。然而，事情居然出乎他的意料，他认为自己的计划很周详，也很到位，给的回扣也不低，没想到却遭到了对方的坚决拒绝。

A公司的谈判助理悻悻而归。当他把这些告诉了A公司的谈判主席时，谈判主席却笑了，并且点点头。谈判助理不明白。

第二天谈判开始的时候，没有人说话。

这时A公司的谈判主席说话了："我们同意贵公司提出的价钱，就按照你们说的价钱成交。"这是让A、B公司两家谈判成员都没有想到的。

接着，A公司的谈判主席继续说："我的助理做的事情我是知道的，我当时没有反对，就是想证明一件事。最终证实我的猜想是对的。贵公司的谈判人员不仅谈判技巧高，而且协作能力强，最关键的一点是，你们对自己的公司非常忠诚，这是最令我敬佩的。我们是对手，成交的价钱是我们区分胜负的标准。但是，一个企业的生存并不是仅仅依靠财力。员工的忠诚和责任对于一个企业而言，才是命脉。你们的表现让我看到了贵公司命脉坚实,同你们合作,我们放心。从价钱上来看，我们是亏了一些，但我认为我们会赚得更多。”

他的话还没有说完，全场就响起了热烈的掌声。

员工的忠诚，可以使竞争对手对你和你的公司产生敬佩之心。因为他们知道忠诚的竞争对手是多么强大、多么值得尊敬。

◎ 忠诚是职业发展的必备品质

在现代人力资源管理中，员工与老板被普遍认为是一对互利共生体。从表面上看，两者之间似乎存在着对立性——老板希望减少人员开支，而员工希望获得更多的报酬。但是从更高的层面上去分析，两者其实是和谐统一的——公司拥有忠诚和有能力的员工，业绩才有保证；员工必须依赖公司的平台才能获得物质报酬和满足精神需求。因此，对老板而言，公司的生存和发展需要员工的敬业和忠诚；对员工来说，要想获得丰厚的物质报酬和精神上的成就感，这都离不开公司这个平台。

在互利共生的合作关系中，合作双方是否互相忠诚信任是决定能否共赢的关键。也就是说，在忠诚的紧密连接下，公司和员工的利益达到了一致和统一。员工忠诚于公司，公司信任员工，公司和员工共同走向辉煌的成功。因此说,忠诚是企业和个人得以生存和发展的保证。

真正的忠诚不是消极的，而是积极的，是一种对归属感的确认，是一种根据自己崇高的目标献出全部的行为与心态。一个人一旦确认自己属于某一个集体时，他就不仅意识到自己属于这个团队，而且更会自觉地认为自己必须为这个团队做出最大的贡献，这样才能得到这个团队的承认。因此，忠诚可以确保任务的有效完成，以及对责任的勇敢担当。

所以说，生产率的提高，不在于什么奥秘，而纯粹是在于员工的忠诚，在于他们经过成效卓著的训练而产生的献身精神及他们个人对公司成就的认同感，用最简单的话，就在于员工及其领导人之间的那种充满人情味的关系。

即使在条件艰苦的环境中，忠诚的员工也能够利用现有的资源去努力创造条件，克服困难，尽自己的最大努力完成任务。

鲍勃原来是公司的生产工人，后来，他主动申请加入公司营销行列。因为当时公司正在招聘营销人员，而且各项测试显示他也适合从事营销工作，经理便同意了。

那时，公司规模还很小，只有三十几个人，面临着许多要开发的市场，公司并没有足够的财力和人力。因此，鲍勃只身一人被派往西部一个市场——其他许多市场，也只派出一人。在这个城市里，鲍勃一个人也不认识，吃住都成问题，但心中对企业的忠诚以及工作机会的珍视，使他没有丝毫的退缩。没钱乘车，他就步行，一家一家单位地拜访，向他们介绍公司的产品。他经常为等一个约好见面的人而顾不上吃饭，因此而落下胃病。他租住的是一家闲置的车库，只有一扇卷帘门，而且没有电灯。晚上门一关，屋子里一丝光线也没有。那个城市春天多沙尘暴，夏天则经常下冰雹，冬天经常下冻雨，对于一个物质贫乏的推销员，这无疑是严峻的考验。而且公司的条件差到超乎鲍勃的想象，连产品宣传资料都供不上，鲍勃只好买了复写纸，自己手写宣传资料。

在这样的条件下，鲍勃始终没有动摇。他对自己说："我必须忠诚于我所从事的这份工作。"一年后，被派往各地的营销人员都回来了，其中还有几个人早已不堪工作艰辛而悄无声息地离职了。当然，最后只有鲍勃干得最好。最好的员工自然会得到最好的回报，后来，鲍勃被任命为市场总监，这时，公司已经是一个上千人的中型企业了。

忠诚的人往往能将自己的发展和公司的存亡紧密结合在一起，他们会积极主动、不遗余力地履行自己的义务，完成自己的职责。因此说，忠诚表现的是一种对职业的忠诚，是一种对职业的责任感，是承担某一责任或者从事某一职业所表现出来的敬业精神。

对于公司来讲，忠诚不仅会使公司的效益得到大幅度的提高，还能增强公司的凝聚力，使公司更具竞争力，能让公司在变幻莫测的市场中更好地屹立于不败之地。对于员工来讲，忠诚能使员工更快地与公司融合于一体，真正地把自己当成公司的一分子，更有责任感，对将来更加拥有自信。所以说，忠诚于公司，忠诚于老板，就是在忠诚于自己。

企业犹如一艘驶往成功码头的巨轮，老板就是船长，所有员工则充当助手。只有大家为着一个共同的奋斗目标，各自把自己分内的事做到最好，才能保证这艘船正常前进，平稳、安全地驶向目的地。但如果你朝秦暮楚，这山望着那山高，视忠诚为无物，那你就等于站在一块涂满了油脂的木板上，因为自己对别的船只或岸上的活动的兴趣大于自己所做事情的兴趣而致使木板倾斜，最终让自己落入海里。

所以说，忠诚不仅仅是品德范畴的东西，它更成为了一种生存的必备品质，可以说是生存的保证。如果一个人失去了对公司的忠诚，那他就失去了做人的原则，失去了发挥个人能力的平台，自然也就没有成功的机会。

忠诚是任何一个职场中人必须具备的品质，只有所有的员工对企业忠诚，才能发挥出团队的力量，推动企业走向成功。企业的生存离不开少数员工的能力和智慧，更需要绝大多数员工的忠诚和勤奋。

一个忠诚的员工是不会被解雇的，因为忠诚不是纯粹的付出，忠诚也会有丰厚的回报。你忠诚地对待你的企业，企业也会真诚地对待你；你的敬业精神增加一分，别人对你的尊敬就会增加两分，即使你的能力一般，只要你真正表现出对企业的忠诚，你就能赢得企业的信赖。

当你真正把忠诚根植于内心的时候，你就会以一种高度负责的精神去完成自己的工作，从而获得比别人更多的经验，也让自己的潜力得到充分发挥。这样必然会提高自己的办事效率，增强自己的实力，让自己真正拥有实现自我价值的资本，走向自己更加辉煌的人生大道。

◎ 频繁跳槽的结果是无槽可跳

在当今这个社会，员工跳槽，特别是年轻人跳槽已是屡见不鲜。跳槽似乎已经成为一种风气蔓延开来，当这种风气蔓延到整个商业领域时，许多本来具有一定忠诚度的员工也受到感染，在我们的周围也有为数不少的人加入了跳槽大军的行列，换工作如换衣服，甚至到最后自己都不记得自己具体做过什么，使整个职业环境日趋恶化。

频繁跳槽的员工，特别是一些刚参加工作不久的员工，他们往往把企业当跳板，当做过渡时期的临时旅店，他们总想着下一份工作会更好，于是就积极地寻找下一次机会。他们往往不懂得感恩，缺乏对企业最起码的忠诚，眼中只看到自己的利益。他们总是“吃着碗里的，眼却看着锅里”，“这山望着那山高”，因此，他们虽然站在自己的岗位上，却不能履行自己的职责。这种人往往得不到企业的认可，更得不到自己事业的长远发展，最终只能像跳蚤一样，在企业间不停地跳来跳去，却落了个人人讨厌的结果。

缺乏忠诚度，频繁跳槽，无视公司对自己的培养，在公司最需要支持的时候离去，无疑会使公司受到直接影响，但从更深层次的角度上看，对自己的伤害更深。无论是个人资源的积累，还是所养成的“这山望着那山高”的习惯，都会使员工的价值有所降低。频繁跳槽，不但不利于自己的经验累积和进步，更为重要的是难以取得老板的信任，自然也就没有进一步发展的机会，无疑，这一问题毫不留情地阻碍了你通向成功之路。

两个大学计算机系的同学，在校时品学兼优，特别是在英文和电脑技术方面优势突出，毕业后一同应聘到北京一家著名的软件公司，令同学们羡慕不已。没想到，两个月后，同学甲就因为另外一家私企的高薪、股权引诱而跳过去。当时，他和同学乙商量一起走，但同学乙并不看好那家公司，他认为所在企业的企业文化非常有利于他们的发展，于是苦劝同学甲不要贸然跳槽。被冲昏了头脑的甲似乎去意已决，当月就走人了。

然而，他哪里想到，那家私企的资金链异常脆弱，还处于四处融资阶段，不久就出现了资金运转问题，连正常的薪水都无法发放。于是甲又跳槽了。在接下来的两年中，他就像一只无头苍蝇一样四处乱撞，一次比一次失望，短短几年时间里，同学甲已经相继尝试了软件、网络、销售、广告、媒体、汽车、保健品等多种行业。可谓是"万金油"，什么都会一点儿，但什么都不精通，只好一直做初级工作。这样时间长了，自己最初的知识也淡忘了，更不用说一些新兴的技术了。最后奋斗了几年，还是两手空空。

而那位同学乙呢，公司已经在纳斯达克上市，他因为充分认同企业文化，干工作兢兢业业，现在已经成长为一个重要部门的经理，手里拿着可观的原始股票，也买了车买了房。同学甲这才发现还是原来那家公司最好，可是后悔晚矣！

虽说从职业的角度看，一个人难免要换几次工作，但必须依据自己的整体人生规划进行调整，而不是盲目跳槽。一个人跳槽如果只是为了一些金钱上的收入，或者感到自己怀才不遇等原因，想着下一份工作会更好，那可能就得不偿失了。因为面临残酷的现实时，很可能并不如你跳槽时的那般潇洒。一位在两年内换了四家公司的男士感慨地说："原本想通过跳槽得到更好的职位和待遇，结果发现处处碰壁，现实总是不如想象地好。”

你很可能过高地估计了自己的实力，对就业形势和就业环境现状也做了一个错误的分析，由此下一份工作很可能同样让你不满意，这样你就很容易会走入频繁跳槽的惯性怪圈：工作遇到不顺时想跳槽，人际关系紧张时想跳槽，看见好工作（无非多挣几个钱）想跳槽，有时甚至没有任何理由也想跳槽，你所遇到的一切问题似乎都可以用跳槽来解决。这种感觉往往使人产生跳槽的冲动，甚至完全不负责任的一走了之，这时对他而言，忠诚敬业的精神往往已不复存在。有一些人不想通过个人努力奋斗来达到职位的提升，却以出卖公司的利益为筹码，来达到得到薪酬高的工作的目的。殊不知，这样做无疑是自掘坟墓，自己把自己逼上绝路。

有这样一位年轻人，在牛津大学修完了法律课程后，又在哈佛大学修完了工商管理课程。而且他文笔很好，口才也不错，曾担任某报社的专栏作家，也曾到一些大学去演讲，并能够激起听众的热情。按说这样的人才在就业方面应该有很大的优势，可事实并不是这样，他一直在为找工作而犯愁。究其原因却是由于缺乏对企业最起码的忠诚度，使他臭名远扬，致使没有一家公司敢聘用他。

1993 年，他修完了全部的博士课程后，在一家计算机公司担任市场总监。工作不到半年，他竟把公司的市场开发机密卖给了竞争对手。拿到出卖机密的款项后，他又跳槽到一家制药厂担任策划总监。三个月不到，他听说另一家制药公司薪酬高，就以自己掌握有重要的新药开发资料为诱饵让那家公司聘用了他。新老板看中的是新药开发资料，并不是他这个不忠诚的双料博士，资料一到手便将他辞退了，并将他列入了永不聘用的“黑名单”。

好在当时他的臭名声还没有传开，找工作并不难，他很快又加盟了一家电器公司，并出任了公司总经理的职务。遗憾的是，他并不懂得珍惜机会，他又一次出卖了老板，并把公司的一批骨干带走，准备自己当老板。他开了一家电器公司，但不到半年就关门了，他只好又重新开始找工作。

从 1993 年到 1998 年短短五年的时间，除去他当老板的那一小段时间里，他居然先后在 21 家公司工作过，也先后背叛或出卖了 21 家公司。由于他是一个很有能力的人，加之一直都担任高层管理职位，所以他的每一次背叛对聘用他的公司都是非常沉重的打击。很快，这个才华出众的双料博士在企业间就臭名昭著了，他被贴上了“不忠诚”的标签，成了一个不受欢迎的人，并被多家公司列入了黑名单。这样一位双料博士把自己逼上了职场的绝路。

频繁跳槽，出卖公司机密无疑都是对企业的背叛，对于公司来讲，一个人对企业不忠的时候，他本身的价值也就荡然无存。因为频繁跳槽并不能说明你多么有能力或者经验丰富，而恰恰说明了你适应性差或者能力低下，以及对企业极度的不忠诚。任何一个企业都不会喜欢一个频繁跳槽的人，也绝不会给此人更多培训、升职、加薪的机会。

面对一些员工的频繁跳槽，一位猎头公司的经理这样说：“高年薪阶层人士的经历，都有一个共同点，就是跳槽经历非常少，一般 5 到 8 年才跳一次，甚至要 10 年以上才跳一次，关键在于其最初择业的时候非常清楚自己要选择什么行业。而不是像现在的大学生这样，频繁地跳槽。经常跳槽的人，年薪一般很难达到 10 万元以上。”

所以说“常挪的树长不大”，“下一份工作会更好”很可能只是美好的愿望而已。不要让自己在频繁的适应新工作、新环境的跳槽中浪费生命，而是要端正态度，对自己内心的需求和奋斗目标有个明确的认识，从而“选择你爱的，爱你选择的”，立足于现实，适应企业要求，适应企业文化和企业理念，努力完成工作并主动迎接挑战，这样才可以在职业生涯中有更好的发展。

◎ 忠诚赢得信赖，信赖赢得机会

马耳他王国有位王子深夜从外地办完事回王宫，看到一个仆人正紧紧地抱着自己的一双拖鞋睡觉，他上去试图把那双拖鞋拽出来，却把仆人惊醒了。这件事给这位王子留下了很深的印象，他立即得出结论：对小事都如此小心的人一定很忠诚，可以委以重任，所以他便把那个仆人升为自己的贴身侍卫，结果证明这位王子的判断是正确的。那个年轻人很快升到了事务处，最后当上了马耳他的军队司令。

忠诚的人容易获得别人的信任和支持，也值得别人对他委以重任，因此忠诚的人更容易获得成功的机会。因为对你自己而言，你的忠诚就是你成功的通行证。

忠诚的员工，最受欢迎，无论走到哪家公司都会受到老板的喜欢，往往也会受到老板的重用，在企业里找到自己的位置。我们知道，许多企业招聘员工的时候，第一看重的不是能力，而是这个人的忠诚度。因为能力是可以培养的，而要改变一个人的品行，却十分困难。

每个老板都会忠诚于经过自己努力开创和奋斗得来的事业，这一点是毋庸置疑的。他会将忠诚、敬业、勤奋定位为公司的核心精神。对每一个雇主来说，员工的绝对忠诚是首要条件。他们会以此为标准选聘人才，并在经营管理的过程中反复地向员工传播和灌输忠诚的理念。在一大群能力相当的员工中，老板更重视的是他们的忠诚度。无疑，那个忠诚度高、敬业度高的人会是他重用的重点对象。因为忠诚是信任的基础，信任是合作的前提，在一个企业中，只有每个员工都忠诚于同一个目标同一个主体，信任才不会轻易破裂，才有利于组织目标的实现。

约翰去一家大公司应聘部门经理，公司说有三个月试用期，约翰答应了。但是出乎他意料的是，公司却把他安排到最基层的商店去做销售员。刚开始的时候，约翰接受不了这样的工作，他觉得自己怀才不遇，但他还是忍气吞声地挺过了三个月的试用期。

直到后来，他才明白公司为什么一开始就把他调到最基层的商店当销售员的原因：他刚来到公司对这行业还不熟悉，对公司的内部情况也不了解，很多事情确实应该从最基层做起，一点一滴的积累，才能对公司有一个全面的了解，才能熟悉公司里的各种业务。

尽管约翰应聘的是部门经理而公司却让他从基层做起，但是他还是坚持下来了。虽然他不知道这是公司在考验他。事实证明，他从基层干起是正确的，他用三个月的时间熟悉了公司业务，对公司有一个全面准确的了解，明白了公司的发展规划，并积累了一定的工作经验，为以后的工作打下坚实的基础。

三个月后，约翰正式被任命为公司的部门经理，带领下属取得了优异的成绩，为公司的发展壮大做出了自己的贡献。半年后，因为他工作出色，公司把他的职位相应地提升了。接下来，约翰在公司里如鱼得水，游刃有余。一年后，公司的总经理调走了，他顺理成章地接任了总经理的职位。

在回顾自己这一年多的经历时，约翰感慨万千，他说："当初忍气吞声地从最基层的销售员做起，我没有抱怨公司，尽管我不知道这是公司对我的考验。事实证明，我对公司是忠诚不二的，我赢得了公司对我的充分信赖。"

如果你能忠诚地对待工作，就能赢得老板的信赖，进而得到晋升的机会。在这样一步步前进的过程中，你就在不知不觉中提高了自己的能力，争取到成功的砝码。

本杰明·富兰克林曾告诉我们："如果说，生命力使人们前途光明，团体使人们宽容，脚踏实地使人们现实，那么深厚的忠诚感就会使人生正直而富有意义。"

对于一名员工而言，忠诚于自己的企业，你所得到的不仅仅是企业对你的信任，你的所作所为还会让企图诱惑你的人感到你人格的力量；相反，如果你背叛了自己的企业，背叛了自己的人格，你的身上将背负一辈子都擦拭不去的污点，将再也没有人敢用你。

在企业里，忠诚不仅仅是一个人的品质问题，还会关系到公司和企业的各种利益。忠诚不仅有其道德价值，还蕴含着巨大的经济价值和社会价值。一个忠诚的员工，是能够带给他人以信赖感的，并乐于让老板接纳，在赢得老板信任的同时，更为自己的职业生涯带来了莫大的好处。相反，一个人若失去了忠诚，也就失去了一切，因为没有人愿意与一个不能信赖的人共事和交往。

要知道，一切商业经营活动，老板承担的风险是最大的。因此，许多老板常常反复折腾员工的忠诚度，为公司出现危机做好充分准备。所以说，你的老板不断折腾你，正是对你忠诚度的考验。约翰如果经不起老板对他的考验，也就不可能坐到总经理的位子上。同样，你如果经得起考验，你也同样会赢得信赖和重用。

失业大军里从来不乏才华横溢的超卓之士，但他们因为种种原因不得不离开自己的工作岗位。造成他们失业的一个主要原因，就是他们缺乏足够的忠诚。他们做事总是三心二意，只想着自己的得失、凡事斤斤计较，这样即使他的能力再高，也很难得到老板的青睐。

因此说，一个人是否具备忠诚，决定了其人生事业的成与败。不管你的能力是强还是弱，你都一定要具备忠诚的品格。只要你真正表现出对公司足够的忠诚，你就能得到老板的信任。他也乐意在你身上投资，给你培训的机会，提高你的能力，因为他认为你是值得他信赖和培养的。忠诚的人无论走到哪里，都会得到别人的信赖；无论从事什么样的工作，都会有成功的机会。

忠诚赢得信赖，信赖赢得机会，机会赢得成功。在这个世界上，并不缺乏有能力的人，但那种既有能力又忠诚的人才是企业最理想的人才，是公司和老板最需要的人。

赢得了信赖，也就意味着获得了和谐的人际关系、愉悦的心情和未来的信心。在工作里，赢得了上司信任，不仅增强了前进动力，而且会赢得更多发展机遇；赢得了同事信任，就会获得更多支持。

企业里忠诚的员工，是老板最倚重的员工，也是最容易成功的员工。如果你能力一般，忠诚会带你走向更好；如果你本身就已经很优秀，忠诚会引领你登上更为成功的高峰。

◎ 公司患难考验员工忠诚

随着社会经济和教育事业的发展，对于当今的很多企业来说，它们缺少的并不是人才，而是能够与公司、与老板同甘共苦的员工。一个员工的忠诚并不是与公司共庆升平，给公司锦上添花的，而应该是患难之中的不离不弃和雪中送炭般的温暖。可以说，在患难之中毫无保留的忠诚才是真正难能可贵的，它体现了人性的高贵和美好，有着无法估量的价值。一个企业拥有了这样的员工，就不致在前进的路途中为风雨阻隔，被荆棘绊倒。

应该说，公司的命运与员工个人的命运永远有着千丝万缕的联系，所谓“一荣俱荣，一损俱损”，企业发展好的时候，是我们的骄傲和光荣；企业有困难的时候，我们也有责任扶助它走出困境。正如美国海军部队在优秀士兵价值准则中规定的那样，要把所服务的组织视为“我们自己的船”。一个忠诚的船员总是坚守着航向，即使遭遇大风大浪，他也能够冷静地掌稳船舵，驾驶它通向成功的彼岸。

可是，现实中很多员工似乎从来都没有把公司发展当做自己的责任，相反还总是想方设法为自己从公司谋取更多的利益。由于他们在心里只想着自己的利益，因此一旦听到公司有什么风吹草动，他们就忙着给自己找退路，而不是想着如何帮公司渡过难关。试想一下，如果连一个可以共患难的员工都没有，那么企业在生死存亡关头，又怎么能够逃脱破产或倒闭的厄运呢？

在公司出现经营危机的时候，往往最能检验一个员工的忠诚度，当然也更能显出一个员工忠诚的价值。这样的员工由于与企业一同走过了危险期，因此也会颇得老板的信赖与赏识，到企业兴旺发达的那一天，老板必然会给他丰厚的回报，让他分享到企业经营成功的果实。

于菁刚到一家软件技术公司工作没多久，公司就接到了一个大订单：某 IT 公司要加工 30 万张硬盘。公司上下欢欣鼓舞，老板郑先生立即调动所有员工都参与到这个项目中来，并且将公司的全部资金也都投入进去。

不出两个月，30 万张硬盘就加工完毕了。然而，一方面由于技术不过关，另一方面也由于管理上的疏忽，导致所生产的硬盘存在严重的质量缺陷，结果被 IT 公司全部退了货。对于一个实力不足、资金不雄厚的企业来说，这无疑是一个毁灭性的打击。更何况，为了生产这 30 万张硬盘，公司现有的资金已全部掏空，此时连支付水电费都成了问题，员工的工资只好一拖再拖。在这样的情况下，看不到希望的员工们纷纷辞职，郑先生几乎都成光杆司令了。

眼看同事们一个个离去，于菁心里感到一种莫名的失落，但她没有离开，一个人在空荡荡的办公室里安静地工作着。郑先生见到她后很是惊讶：“公司都成这样了，你还不打算离开吗？”于菁说：“效益不好的公司也得有人为它工作啊！我是公司的员工，公司在我就该留下来。”

郑先生感动不已，幸好不久后，他从亲友那里筹到了一笔款项。在接下来的日子里，他转变经营重心，开始采用给一些 IT 公司寄销软件的销售模式。由于这种方法的投入很小，利润却很可观，公司慢慢有了转机。于菁陪伴郑先生在艰苦的岁月中熬过了两年后，公司终于由负债转为赢利，开始扩大经营规模了。

郑先生一直十分感念于菁在公司最困难的时候帮助了自己，因此在公司扩展后不久，他就将公司一半的股权交给了于菁，并让她出任公司的副总经理。

实际上，帮老板就等于是在帮自己，员工只有与公司共患难，才能和公司同成长。毋庸置疑，每个老板都不是全才，他不可能对公司的事面面俱到，在公司出现困难的时候，尤其需要员工的鼎力相助。作为员工，或许这些困难并不在你的职责范围之内，但“企兴我荣，企衰我耻”，既然你是公司的一员，就不能袖手旁观或者甚至抱着一种看热闹的心理。你应该主动承担起责任，对于影响企业发展的瓶颈，一定要想方设法去解决。要知道，在这过程中你可能会学到别人工作几年甚至几十年也学不到的经验教训，极大提升自己的才干；你还会认识到一些甘苦与共的朋友，他们在患难之中了解了你，相信将来也会把重要的机会留给你。

任何一家公司虽然都不能要求员工为它工作一辈子，但在其尚处于发展阶段时，却需要员工仍能够积极努力地为公司工作；在其陷入困境时，也需要员工尽上自己的一份力，帮它渡过难关。而作为一个能够与企业共患难的员工、一个企业的功臣，企业也只会帮助你在成功的道路上走得更快、更远，让你得到更多的利益回报。

三、爱上工作，携手老板创辉煌

◎ 你到底是在为谁工作

在职场中，很多员工把自己只当成是一个打工者，我们在工作当中就经常可以听到这样的话语：“我不过是在为老板打工，干吗要那么拼命？”“活是给老板干的，那么认真干吗？”“这是公司的事，又不是我自己的事情！”这些人无论做什么事情，都认为自己是在为老板打工，为老板出卖自己的劳力，为老板做嫁衣，被老板“剥削和压榨”。他们在谈到自己是一个打工者时，语气、表情和眼神中流露出的是一种无可奈何的意味，而不是一种平和的心态，没有自信，更没有自豪感。

在这些员工眼里，老板和员工之间就是一种简单的雇用关系，做多做少、做好做坏都和自己没有多少利益上的关联。这种“打工心态”让他们在工作中有着如下的突出表现：漫不经心、得过且过；缺乏责任意识，遇事喜欢找借口推托；眼睛只盯着薪水，没有长远的发展眼光；事情做到差不多就行了，不愿意多付出；奉行个人英雄主义，不重视合作；大手大脚，花公司的钱不心疼；遇事不是想办法，而是习惯性地问老板该怎么办；工作被动，缺乏进取精神。

一方面，打工心态在一定程度上制约了企业发展，不利于社会整体效益的提高。拥有打工心态的人在工作中难免斤斤计较，他们崇尚“个人利益至上”的原则，总是期望能以最少的付出从企业获取最多的利益。而有关企业的事情，他们则采取“事不关己，高高挂起”、听之任之的态度，在工作中贪享安逸，不求上进。这势必扩大企业内耗，给企业发展带来严重的阻碍。

另一方面，打工心态也不利于个人的成长和进步。由于眼睛只盯着眼前的蝇头小利，思想为名缰利锁束缚，就很难在工作中发挥主观能动性和创造性。一些人觉得目前的工资少了点儿，位置低了点儿，“吃着碗里的，看着锅里的”，这山望着那山高，可是跳槽又怕风险太大、成本过高。于是，为了保证自己的那点儿工资能如期进账，分内的事将就着做，只要不出问题就行了，有机会偷懒的时候绝不含糊。要知道，即使最有才华的人，如果打工心态过重，对工作没有责任感，没有进取心，那么无论他们折腾到哪里，也只能落到“只可用而不可重用”的境地，却还要空感叹自己是“英雄无用武之地”。

工作中，很多员工最大的心理误区就是抱有“我不过是在为老板干活”的思想，这种工作观让无数年轻人错失了人生中的宝贵机会，甚至直到中年他们都还在不断埋怨自己所在的企业。而一些人总是对眼前的工作不满意，长期生活在抱怨中，工作上不思进取，因而又常常面临如何找到下一份工作的难题。

不要以为工作离不开你，那些“这份工作离不开我”“这份工作非我不可，换了谁都做不好”的思想是相当有害也是十分荒谬的，它脱离了当今劳动力供过于求的事实，而现实的情况是，你的生存所需离不开工作。要知道，在为他人工作的同时，你更是在为自己工作。因为在服务别人的时候，你所得到的不仅仅是工作的报酬，还有技术的锻炼、品格的提升等。没有工作，我们寒窗苦读来的知识就无法得到施展；没有工作，我们长期培养的能力就无法得到提升；没有工作，我们就难以获得精神上的满足感和荣誉感；没有工作，我们又怎能赢得他人的认可和社会的尊重。可以说，一旦失去了工作这个舞台，生活就会变得黯然失色，没有任何快乐和意义可言。

只有树立起“为自己工作”的理念、认真负责地对待工作中的每件事的人，才能真正走上成功之路。对于员工来说，要想在工作中取得出色的成就，首先应树立正确的观念——工作是人生价值的体现，是人们生存的一种方式，不管你是在为谁工作，首先都是要工作，把自己应该做的事情做好，然后才是为谁而工作的问题。但对于这一问题，你也应该有一个正确的心态——为自己而不是为老板打工。只有意识到是在为自己的幸福工作，你才会感激和珍惜眼前的工作机会，才会脚踏实地地干工作，并时刻准备着充实自己、提升自己，这样等机会来临时，你就能够抓住它，而不是眼睁睁地看着它从自己身边溜掉。

反之，如果你总是抱着“活是给老板干的”的心态，久而久之，你的眼光必然变得短浅，看不清自己未来的发展道路。一个人活在世界上的终极目标是什么？有的人认为吃好、穿好、玩好就是毕生最大的追求，但这些只能给人带来一时的快乐，长久的快乐则在于能够在工作中找到自己的位置、兴趣，用双手打造出一片属于自己的天空。可以说，你的任何劳力都是在为自己的成长和进步积累资本，尽管从表面上看，你是在为老板的公司工作，但实际上都是在为自己工作。工作就是为了能够更好地生活，体现你生存的价值和意义，不是吗？

而事实上，做老板也好，做员工也罢，两者的根本利益是一致的。对于员工来说，只有公司发展了，你的工资才能有所提高，个人才能有更大的发展空间。当然，老板也会从公司发展中赚取一定的利润，但他们的投入也是人所共见的。可以说，他们提供的平台是公司所有员工生存的基础，而他们还不得不为公司的经营呕心沥血。认识到了这一点，你就会扫除以往思想上的阴霾，对老板怀有一份油然的感激之情，并从内心迸发出奋发进取的工作热情，为公司发展做出应有的贡献。

人生最大的挑战，实际上并不是突如其来的灾难和足以改变个人命运的选择，而是日复一日、年复一年，平淡而又极其平凡的工作。但只要认识到工作是为了自己的幸福，你就能从工作中体会到极大的乐趣，从而变得爱岗敬业，不在工作中玩心眼，凡事不需要别人督促就能自动自发地完成。或许老板可以控制你的工资，却无法遮住你的眼睛、捂上你的耳朵，阻止你去学习、去思考。换句话说，他无法阻止你为将来所作的一切努力。因此，好好干吧！要知道，勤奋工作，首先是为了你自己。

◎ 做一名理解老板的好员工

老板为你提供了一份工作，才让你的生活有了着落，让你的衣食住行有了保障，让你漂泊的心有了归宿感和慰藉，因此，不要把老板当做你的仇人，而要怀着一颗感恩的心去理解、去回报你的老板。工作中，凡事多替老板着想，多帮助老板解决一些实际问题，你的老板就不致为那么多的麻烦事所困扰，他也会因为你的理解和付出给你更多的信任与回报。

现实中，很多员工抱怨自己是在被老板压榨，老板坐在宽敞明亮的办公室里，每天优哉游哉，而到最后所得的收入却比员工要多得多。然而，你要明白自己只是一名员工，而老板是企业的决策者，他比你肩负着更多的责任和义务。有人说老板是一个比民工还要悲惨的职业，也有人将老板形象地比喻为挑山工，意思即谓老板对公司发展的重任必须一肩挑，连停下来歇口气的工夫都没有。或许你不知道，当员工下班后，老板还要工作到深夜；当员工和朋友们在聚会时，老板还在苦苦思索下一步的工作计划；当员工忙了一天和家人欢聚时，老板却还要应付各种各样的酒会和饭局……由此可见，老板赚的钱是多了一点儿，可他的付出又比员工多了多少？

身为一个企业的负责人，老板全面经营和管理着一个公司，所冒的风险也是最大的。作为肩负企业生死存亡重任的管理者，老板为企业的发展可谓殚精竭虑。老板投入大量资金使公司维持运转，如果公司经营不善，走向破产或倒闭，老板就是最大的风险承担人。在这种情况下，员工通常只要换一份工作就可以，老板却需要四处奔波，筹借款项，或者是把辛辛苦苦赚来的钱投入公司，苦心维持其经营。即使公司运营良好，为了能让企业长期发展下去，创造更多的利润，提供更多的就业岗位，老板也不得不付出大量的时间和精力。而一些员工只看到老板表面的风光，哪里知道老板背负的压力和艰辛呢？

当然，你也可以享受和老板一样的待遇，但条件是你必须和老板付出的一样多。如果你觉得老板拥有的太多，处处想占公司的便宜，总想不劳而获，那么老板就会很反感。每个人的付出与收获都是相互的，只要你认真负责地工作，给公司创造了效益，老板肯定会给你更高的职位、更丰厚的报酬。

职场中，有些员工把自己得不到提升的原因归咎于老板，认为老板任人唯亲、嫉贤妒能，不愿意接受比自己聪明的雇员，甚至认为老板会阻碍有抱负的人获得成功。这只是他们一相情愿的想法，举目四望那些在事业上取得成功的人士，很多都是从普通的打工者一步步晋升上来的。

的确，很多时候老板不能及时发现你的能力和忠诚，甚至可能由于某种原因暂时忽视了你，但一个明智的老板是从来都很器重那些能力强的员工的。事实上，对于大多数老板而言，再没有什么比缺乏合适的人才更让他们头疼的了，也没有什么比寻找合适的人选更让他们焦虑的了。站在公司的角度，老板会更加主动地关注你，因为你的努力程度直接关系着企业的生存和利益。在这样的状况下，没有必要记恨你的老板，更不要把老板看做你的敌人，做好本职工作，提高你的工作能力，增加你的工作经验，要相信“是金子就总会发光的”，老板迟早有一天会被你的光芒吸引过来。

不要抱怨老板不了解员工，要多想想你是否了解自己的老板。在老板眼里，忠诚比聪明更重要，毕竟在人生事业中需要靠聪明去决策的大事很少，而要靠行动去落实的小事却很多。不要再跟老板斤斤计较，抱怨老板不懂得识人、用人了吧！忠实的员工总会默默地付出，最终得到老板的青睐。

现实中，老板和员工的工作起点是不一样的：老板把公司当做自己一生的事业，员工只把工作当做自己的一份职业。基于这一点，员工要想在公司获得发展，必须赶上老板的步伐，从而理解老板的一些做法，比如节约资源、努力降低公司运营成本等。老板之所以会要求你对每一项工作都付出全部的心力，实在是因为残酷的市场竞争使然。而当公司有困难时，我们也要站在老板的角度思考一下，没有哪个老板会希望员工在公司陷入困境时就脚底抹油走人。如果公司迫不得已采取裁员措施，你也应该想到，作为企业的负责人，其内心的痛苦和煎熬比那些被请出公司大门的员工要大得多。

还有一些员工常对老板的过错和失误嗤之以鼻，因而与老板产生对立情绪，喜欢跟老板对着干。要知道，老板是人而不是神，难免有决策失误的时候，我们应予以谅解，否则，跟老板针锋相对的结果，只会让你掉进无以晋升的陷阱。作为一个优秀的员工，你要做到善解人意，对老板的一些过错能宽容就宽容，严重一点的则可以在适当时机给予他善意的提醒。有时候，为了顾及老板的颜面，你帮他背一下黑锅也没什么不可以。因为在同一个团队中，老板是你的上级，维护了老板的形象就等于维护了你自己的形象，同时还能赢得老板对你的感激，让你在公司的发展之路更顺畅。

当你善意地对待老板时，老板也会善意地对待你，因为你身上散发出的善意会影响和感染包括老板在内的周围的人，最终这种善意就会回馈到你自己身上。因此，当你还是一名雇员时，试着从老板的角度看问题，多体谅一下老板的难处，时刻注意维护公司利益，那么获益的不仅是老板，同样有你自己。

◎ 谁是老板心目中的优秀员工

初进公司时，大家处在同一个工作起点上，老板对每个新人的期望也都是一样的。但随着工作的开展，新人之间慢慢地彼此就会拉开距离，有些人几乎达不到老板的要求，有些人刚好能达到老板的要求，只有极少数人能超过老板的要求。

那些在工作中不能达到老板要求的员工，会很快被淘汰，而大部分人将继续过着平淡的生活，因为他们的工作只是刚好能达到老板的要求，可谓一个称职的员工。然而，这并不意味着他们在公司前程似锦。一个工作只能算得上称职的员工，不可能给老板留下深刻的印象，继而成为老板重点培养的对象，更不可能在公司达到事业发展的巅峰，充其量只能保住自己的饭碗而已。只有那些超过老板期望的员工，才能让老板眼前一亮，对其充满信心和期待。当遇到高难度的工作时，老板会很自然地想起这样的员工；当公司重要的职位出现空缺时，老板也同样会很自然地想起这样的员工。于是，对于这些员工来说，锻炼和升迁的机会就来了。

林菲大学毕业后，在一家著名的 IT 公司工作。刚进这家公司时，她只是技术支持中心的一名普通工程师。虽然职位有点不符合自己的期望，但这毕竟是毕业后的第一份工作，并且公司的待遇也很不错，在许多刚毕业的大学生看来，她已经算是相当幸运的了。于是，林菲决定全力干好这份工作。

当时，经理考核林菲的依据是记录在公司报表系统上的“成绩单”，这份“成绩单”只有等到月末才可以看到，善于思考的林菲立刻意识到：这种考核方式运用起来很不方便，从经理的角度讲，由于他不能及时了解员工的工作情况，也就不能更好地调配和督促员工；而从员工的角度来看，不能及时看到自己在工作上的进步，因而能力也就得不到更快的提升。与此同时，林菲还发现了现行月报表的一些缺陷：如果遇到新产品发布等原因，业务量突然增大，或者有一两个员工请病假，很多工作就会被耽误。

既然发现了问题，就要及时解决问题。在考虑各种因素之后，林菲觉得自己有必要设计一个具有更快反应能力的报表系统。于是，她利用业余时间写了一个具备她所期望的那些基础功能的报表程序，并将它提交给经理。经理对这一报表系统十分赞赏，便又将它提交给了更高一级的领导。最后经公司高层讨论，林菲这一基于 Web 内部网页上的报表系统开始投入使用，很快取代了原来的 Excel 报表。

在工作当中的出色表现让公司总裁看到了林菲的一些潜质，觉得她能够从更高的管理角度思考问题，是一个非常优秀的员工。一年后，总裁亲自将一个重要的升迁机会给了林菲，让当时年仅 24 岁的她担任公司在整个亚洲市场的技术支持总监。而不久后，她又因在技术支持部门出色的工作表现，调任美国总部担任高级财务分析师。

在工作中，只要认定是你该做的工作、可以做的工作，就应该立刻动手去做，而不必等到老板做出交代。社会在发展，公司在成长，个人的职责范围也在随之扩大。因此，你要时刻考虑自己的工作还有哪些可以改进的地方,你是否可以多承担一些职责。如果不是分内的工作，没等到老板交代你就去做了，那么对于你来说，又何尝不是一次机会呢？公司是聘用你来工作的，但更重要的是需要你随时思考、运用你的智慧来为公司谋取利益。因此，在与公司互惠互利的情况下，多做一些有益于公司的工作，适时提出一些有建设性的意见，或对公司采取的决策提出质疑，对你、对公司的发展都是很有必要的。

可想而知，在当今竞争激烈的社会，那些传统的对待职业的态度已然行不通了。在工作中，只是待命而行、满足于完成交付给自己任务的员工将会越来越感到力不从心。成功的机会是不会白白降临的，不积极主动工作的员工将不可能获得更好的发展机会。如果你总是只在老板注意的时候才好好表现，那么你就永远不可能达到自己想要的成功；而如果你所做的比老板期望的还要多，那么你就永远不用担心机会不会降临到你的头上。作为员工，你应该明白老板内心对你的期望：不要只做交代的事，运用你的判断力去做公司需要的事。对于老板来说，只有主动工作的员工才是最值得信任和培养的员工，才是公司不可或缺的顶梁柱，因为这样的员工无疑能为公司创造出比其他员工更多的价值。

不要消极地等待别人的指令，主动寻找该做的事，并且第一次就把该做的事情做好，这是企业对每个员工的终极期望。没有哪个企业愿意任用那些素质平平的员工，所谓“千军易得，一将难求”，只有具备良好职业道德和出色才能的人，才是企业用人的首选。在工作中，如果你总是把任务完成在老板规定的前一天，总是让工作质量超出老板的期望，你就是老板心目中的优秀员工，就会拥有美好的前途。

◎ 读懂最高级的服从艺术

对于一个团队而言，服从是保证正常工作关系的前提，是团队成员融洽相处的一种默契。平心而论，这世上没有人真正喜欢被约束、被管制，让自己失去更多的自由。但绝对的自由是不存在的，任何人都要受到一定规则和制度的约束。这种规则和制度既是对每个人权利的制约，又是每个人获得公平待遇的保证。在一个团队中，如果下属不能无条件地服从上司的命令，而所有的成员思想又都不统一，各执己见，各行其是，那么整个团队就像一盘散沙，不会有战斗力可言，根本不可能达到团队的整体目标。

可以说，当今社会是一个开放的社会，在企业内部也广泛流行着“自由、民主”的思想，因此普遍存在下属不服从上司的工作指令，造成有令不行、拒不服从或者阳奉阴违的现象。一般来说，公司高层的主要职责就是决策——做正确的事；企业中层的职责则是执行——正确地做事；而基层人员的主要责任就是操作——迅速地完成任务。对于公司来说，每一位员工都必须服从上级的安排，这样才能让整个团队发挥出超强的执行力，使公司得到迅猛的发展。如果员工缺乏服从的习惯，则势必造成执行力下降、工作效率低下，最终导致企业在市场竞争中被淘汰出局。

一个员工要完成上级或老板交代的任务，必须具有很强的执行能力。当你接受了一项任务时，就等于是向上级或老板做出了承诺，即使不能兑现承诺也不去寻找任何借口，这就是服从的表现。一个不找借口的员工，一定是一个执行力强并有着强烈服从意识的员工。可以说，工作就是要你不找任何借口地去执行，如果老板交代的每件任务你都不折不扣地去执行了，那么你肯定会受到老板的青睐。而有些员工虽然很有思想、满腹才华，却因为缺乏服从的意识，凡事喜欢自作主张、自行其是，结果就成了老板的“眼中钉”，被同事视为“另类人物”。由于不被团队接纳，他们在职场也不会有什么大的发展前途，最终只能落得一事无成。

不要觉得上级的指令“对的就服从，不对的就可以不服从”。企业有着最基本的上下级关系，如果老板的决定要经过你的判断才能执行下去，那么势必会损害到领导者的权威。而处在老板或上司的位置上，他是有权力也有责任发号施令的，他的指令代表着整个团队的利益。作为企业的一员，你有责任也有义务去服从他的指令，否则就是跟整个团队的利益相抗衡。即使有时候你认为老板的看法有失偏颇，决策有失正确，你也应该冷静下来，找机会从客观的角度给老板提出一些合理的建议，而不能一时冲动使矛盾升级、事态扩大。要知道，当着别人的面指责老板，不给老板留面子的结果，将是你在公司无从立足，最后闹得自己也很没面子。

职场中，那种对领导分配的任务推三阻四，总找出一大堆理由来说明自己困难的员工，是最不受老板欢迎的。老板在感觉不快的同时，对这样的员工或多或少会产生一些不好的印象，比如“缺乏热情和自信”“不求上进”“怕负责任”等。久而久之，老板就会对你失去信任，这样离老板请你另谋高就的日子也就不太远了。因此，员工对待领导指令的正确做法，是先接受，然后是去执行。如果在执行的过程中出现问题再跟领导沟通，这样会更有说服力，问题也比较容易解决。

作为员工来讲，应该学会高级的服从艺术，以自己宽阔的胸怀、坚持服从第一的原则行事。这样老板交代给你任务时，知道你在感情上掩藏着极大的不满，却理智地执行了他的决定，他就会感觉自己很有面子、在下属心中很有地位，因而对你油然生出信任与感激。暂时的忍耐更能让老板看到你的气度与胸怀，你在公司的前途也大可不必担忧了。

服从还应该直截了当。不要给自己找一大堆的理由和借口，老板要的是结果，而不是你再三解释的理由。每一件任务的执行者都应该意识到自己的职责就是服从，并不遗余力地将上级的决定执行好，这样才能保证集体行动的一致，使整体目标圆满达成。

当一个员工在接到任务时，没有任何借口、立即行动是其服从意识的最好体现。但现实中，一些员工在接受一项任务时，不是马上去办，而是要先想一想，等老板走开了再去展开行动。他们这样做的主要原因是觉得如果老板交代了任务就马上去办，会显得自己的工作很清闲，害怕给老板留下不好的印象。然而，服从就是要立即行动，高效完成任务，否则便不能算是真正有效的服从。

服从命令不仅是要忠诚于老板，更要对老板负责，对自己所在的企业负责。作为员工，你要明白老板决策的终极目的是什么，明白自己工作的价值与意义所在，在此基础上自动自发地去服从老板的决定，从内心深处相信自己能够圆满完成任务，这样将会收到更好的效果。如果你只是被动地服从命令，执行任务时不去动脑筋思考具体解决问题的办法，是发挥不出服从的效力的。另外，对老板的决定和决策，你也要学会用平常心去看待，在不冒犯老板权威的情况下，也可以提一下自己的看法、给出一些适当的建议，而不是盲目地一味顺从下去。

对于老板来说，他最不喜欢听到下属在接受任务时说“不”，而只爱听他们说“是”。作为员工，就应该以服从命令为天职，这不但因为你的位置决定了你必须服从上级的指令，更是团队合作的需要和团队制胜的前提。对于一个企业而言，没有纪律就没有了一切。只有企业全体员工都有着良好的服从意识，并具备超强的执行力，企业才能发展，担负起其应有的社会责任。

◎ 做老板身边的得力助手

美国著名作家阿尔伯特·哈伯德曾经说过：“每个雇主总是在不断地寻找能够助自己一臂之力的人，同时也在抛弃那些不起作用、不能适应公司文化的人——那些到哪个岗位都无法发挥作用的人迟早都要被淘汰。”在企业里，老板总是青睐那些既对企业忠诚、又能给企业带来效益的员工。如果你总能替老板解决难题，老板不仅会领你的情，并且还会越来越欣赏你，逐渐地提拔你、重用你，让你成为他身边不可或缺的人物。

如果你的老板是一个充满激情、头脑睿智的决策者，那么你最好是做老板身边一个最冷静的执行者。每个老板为了成就自己的事业，都在千方百计地寻找自己需要的人才，而老板所需人才的第一个特征就是服从。只有具备强烈服从意识的员工才会有效执行老板下达的指令，才能成为老板的得力助手。既然在公司工作，服从就是第一位的，这不仅是出于上下级关系的需要，也是保证正常工作关系、上下级和同事之间融洽相处的条件。

不要以为服从老板安排就是一个没有创意的员工，事实上，一个优秀的员工恰恰是在服从中体现出自己的创意的。他们不是机械和被动地听从老板的安排，而是本着负责任的态度积极配合自己的老板。如果老板在某些方面有着明显的缺陷，他们也不会采取消极对抗的态度，而是利用自己的才干和优势来弥补老板的不足，在服从其决定的同时，主动献计献策。他们既积极配合老板的工作，表现出对老板的尊重与支持，又让自己的才华得以施展，如宋江手下的吴用，刘备身边的诸葛孔明等，从而成为老板的左膀右臂。试想一下，这样的员工又有哪个老板不对他另眼相看呢？

现实中，有人形象地将企业员工分为两种类型："鸭子型"和"老鹰型"。显而易见，"鸭子型"员工是指那些在工作中什么都不会做、遇到问题只能交由老板来处理、犯了错误就找理由及借口来掩饰的员工。他们通常不能发现工作中存在有什么问题，即使偶有发现也不会提出解决问题的良方，而是直接将问题推给老板。"老鹰型"员工则恰恰相反，他们善于发现问题并且敢于面对问题，明白自己应该积极寻找解决问题的方法。他们对环境的期望很高，总想让一切变得更好，同时也会督促其他人，因此他们是一群具有影响力的人，也会是一个很好的领导者。对于明智的老板来说，他是宁愿拥有一个"老鹰型"员工，也不愿拥有十个甚至更多的"鸭子型"员工的。

身为企业的经营者和组织者，老板所承受的压力最大，所面临的事务繁多，公司的政策、业务以及社会关系方面无一不是他费心之处。当老板被公司事务缠得脱不开身时，作为下属理应想一想"我能为老板做些什么"，而不应置身事外。另外，虽然某些工作老板可以凭借自己的能力或以往的经验处理妥当，但一个人的力量总是有限的，一些工作仍然需要下属的帮助才能完成。因此，作为员工不要总想着"分内的事我做好，分外的事与我无关"。当老板遇到难题迫切需要援手时，要主动站出来帮老板出谋划策，一起渡过难关，这样老板在感激你的同时，也会给你更多回报的。

很多员工之所以习惯性地把问题推给老板，主要是由于他们有着这样一种认识：老板应该比员工更积极，因为公司是他自己开的，而员工只不过属打工一族。他们觉得解决问题是老板的事，员工只需要被动地执行命令就可以了。这是一种错误的认识，一位管理学家曾经说过："领导不是问题的解决者，而是问题的给予者。"对于员工来说，自己的职责就是工作，工作就要解决问题。不论你的岗位和级别如何，解决问题是老板聘用员工的目的所在。如果你反过来将问题推给老板，岂不是说老板的工作还得由你来安排，你当了甩手掌柜，那么老板雇用你的价值何在？

现实中，还有一些员工觉得老板某方面不如自己就轻视老板。要知道，人各有所长，难道你就没有什么比不上自己老板的地方了吗？何况老板毕竟还是你的领导，作为员工，即使你再怎么有才华，要做的也只是"恃才助上"而不是"恃才傲上"。而无论你为企业作了怎样的贡献，你在公司的位置是如何的重要，都不可以目中无人，连老板也不放在眼里。因为你今天所拥有的一切，在很大程度上是老板支持你的结果。

没有哪个老板愿意看见自己安排的任务像"踢皮球"一样，在员工中间踢来踢去，如果你很有才华，就为老板遮风挡雨，给他撑出一片艳阳天吧！只要我们将工作中遇到的所有问题都处理好，未来就会有无数的机遇等着我们。要相信，一个有着卓越解决问题能力的员工是不会永远平凡下去的。做老板身边的得力助手，如果老板要求你在工作中更加勤奋和努力，就不要拒绝他，因为这预示着你会有更好的发展前途。

◎ 把老板当做自己的朋友

明朗跳槽到一家著名的电子公司做技术主管，可是没过多久就接到了解聘通知书。他大惑不解，便去找总经理了解情况。总经理没有跟他作解释，而是反过来问了他两个问题，要求他只回答“是”或者“不是”。

第一个问题是：“你去美国接受培训是公司委派的吗？”

明朗回答：“是。”

第二个问题是：“你离开原来的单位是因为跟老板意见不和吗？”

明朗又回答：“是。”

总经理说：“这就是我们要解聘你的原因，因为你无法接受别人的管理。”

明朗急忙辩解：“可是……”

总经理打断他的话道：“我不想听你的解释。我已经了解到，虽然原来的公司委派你到美国去学习，但是你的老板也表示要暂缓一段时间，可你根本不愿意接受。另外，据你原来的上司反映，你总是站在他的对立面，一副敌视他的态度。”

对此明朗无话可说，只好黯然离开了现在的公司。

现实中，很多员工就像上述事例中的明朗一样，自恃才华出众，看不起自己的上司或老板，总觉得老板的才能平庸、见识浅陋，一遇见他们跟自己的意见不合，就跟他们对着干。要知道，一个敌视老板的人是不可能受到老板和公司的欢迎的，也很难把自己的工作做好。因为在一个团队中，虽然每个人的岗位分工不一样，却是环环相扣的，每个人要做好工作都需要他人的支持和协作。如果你在公司总是表现得“鹤立鸡群”，处处高人一等，甚至把老板也不放在眼里，觉得老板就那么一点能力，还处处剥削员工，以至于仇视自己的老板，那么到最后你将会失去所有人的支持和帮助，让自己陷入孤立的状态，连自己的本职工作都无法做好。

实际上，老板之所以能坐上今天的位置，自有他的过人之处，否则为什么今天在公司做老板的不是你，而是你咬牙切齿恨着的那个人呢？也许你的老板在某些方面确实不比你高明，但只要是你的老板，你就必须服从他的命令，否则你就不是一个合格的员工。很多人觉得老板似乎天生就不应该犯错误，天生就应该宽容大度，了解员工的疾苦，待人平等，并且能够事事以身作则。但是，老板也是普通人，难免会有犯错误、情绪低落的时候。如果你因为这些就看不起或者敌视自己的老板，那你就大错特错了，而实际上你这也是在跟自己过不去。不妨想一想，为什么你总是要求老板原谅自己的过错、体谅你的辛苦，而反过来你却不肯原谅老板的过错、理解老板的难处呢？

员工和老板是否对立，在很大程度上是取决于员工的心态的。我们应该学会把目光聚焦在老板的优点上，用一颗真诚感恩的心接纳自己的老板，尊敬他、欣赏他、赞美他，向他学习。只要抱着这样的心态，我们的善意终会感动老板，那么即使在工作当中与老板产生一些隔阂，最终也会烟消云散。而当公司成长时，我们个人也一定会得到更大的发展空间。

事实上，在一个管理制度健全的企业里，所有升迁都是靠个人努力得来的,每个员工都有着公平竞争的机会。老板虽然有一定的决策权，但这种决策权是对事不对人的。作为组织里的核心人物，老板一直走在队伍的最前列，引领员工走向正确的轨道。为了使员工们的工作更符合公司的发展要求，老板必然会对我们的许多做法提出批评，同时也会否定我们的许多想法，而这实质上是有利于我们工作能力的提升的，也给了我们更多的发展机会。作为员工没有理由因此记恨自己的老板，相反应该心怀感恩、虚心接受才是。

美国福特汽车公司的创始人福特先生年轻时曾在一家工厂里做学

徒。这家工厂的老板对福特非常苛刻，不仅要他做很重的活，还经常因为工作上的事责骂他，有时甚至要狠狠地揍他一顿。然而，福特并没有记恨自己的老板，而是对老板心存感激。这从福特先生后来的言谈中可以看出来。当福特成为世界著名的汽车大王时，有人问他："你有今天的成就，谁对你的帮助最大？"福特竟毫不迟疑地说："是我的第一位老板。他教会了我工作的技艺，还培养了我对工作精益求精的态度。他对我一生的帮助最大。"

对于员工来说，老板给我们的人生上了第一堂课。工作中出现差错，是老板帮我们纠偏指正；工作中有了懈怠，是老板督促我们振作起精神。正是因为有了老板的帮助和提携，我们才得以在自己的岗位上踏实工作、提升才干、锤炼品格。因此，当你和老板之间发生了不愉快的事情时，不要总想着是老板的过错，也不要想尽办法折腾自己的老板。学会把老板看做自己的恩人、朋友，而不是总站在对立面看自己的老板，你就会多一分包容、多一分理解、多一分付出。

事实上，这个世界没有绝对的公平，作为员工也难免有遭受不公平待遇的时候。因此，即使真的是老板一时错怪了你，你也应该通过正确的途径向公司反映、与老板沟通，而不应该采取消极对抗的态度，通过发牢骚来表达对公司的不满，以敌视老板的心态来对待工作。这样不但使你和老板之间的关系恶化，还极大地影响了整个团队的工作气氛，无形中给团队带来损失，所以说这种做法是绝对不可取的。

现实中，虽然老板和员工思考问题的角度不一样，老板注重的是公司整体的效益，而绝大多数员工则关注自身的利益较多一些，在对同一项任务的安排和完成方式上，也会产生诸多的分歧，但这并不表明老板和员工之间就是对立的。身处同一个团队，应该有着共同的责任和荣誉，其根本利益也应当是一致的。所谓"大河有水小河满，大河无水小河干"，只有团队发展壮大了，个人的利益才能得到保障。作为老板想要成就自己的事业，当然需要员工的支持与配合，同样作为员工想要成就自己的事业，也需要老板的帮助与提携。因此，老板和员工之间从实质上来讲是相互协作的关系，而不是对立关系，你不仅可以把老板当做你的朋友，也可以把老板当做你事业上最好的合作伙伴。

既然是朋友、是伙伴，就应该共患难。在公司的发展过程中，总要不可避免地遇到许多问题，作为员工，一旦发现公司内部存在一些不利于公司发展的情况，就应该挺身而出，为公司提出能够解决问题和改善不良状况的合理化建议，而不是冷眼旁观，躲到角落里去计较个人利益的得失。事实证明，与老板同生死、共患难的员工，经历了人品的考验和能力的锻炼，之后总会有意外的收获的。

对公司忠诚的员工，不会把公司当成压榨自己血汗的机器，不会把老板当成剥削自己的资本家。在工作中，他会和老板站在同一立场，把老板当做自己的朋友，为了同一个目标共同奋斗。而退一步说，敌视老板不如和老板做朋友，因为只有这样，你才能在他的带领下获得良好的发展。

四、爱岗敬业，将忠诚落实到行动

◎ 将忠诚真正落实在行动上

你忠于公司吗？你忠于老板吗？你说你忠诚，用什么来证明呢？老板如何才能知道你的忠诚呢？一个真正对企业和老板满怀忠诚的人，不会把忠诚只体现在口头上，他会用实际行动证明自己的忠诚。

站在老板的角度上思考问题

当一个人对公司、对老板忠诚的时候，他就能够表现出对公司事业兴旺和成功的兴趣，他就能够站在老板的角度上思考问题，能够像对待自己的东西一样照看好公司的设施和财产。他会始终把公司的经济利益放在心上，积极为公司未来的发展出谋献策，努力帮助老板完善管理上的不足；他会积极思考，想尽一切办法为公司创效益，使老板的财富增值。

因为对于经营者来说，他需要的不仅仅是普通员工的责任心，他还要拥有对公司价值观的认同感，和公司一同发展的事业心。一个人只有站在老板的角度上思考问题，才能把自己真正融入到公司中，才能在工作中投入100%的热情，积极主动地迎接挑战，并持续不断地寻找解决问题的方法。他不会对个人的得失斤斤计较，而是努力找机会为公司做出更大的贡献，积极关注公司的发展和进度，并向老板提出一些合理化建议，以促使公司朝更好的方向发展。

能任劳任怨，甚至忍辱负重

著名管理大师艾柯卡受命于福特汽车公司面临重重危机之时，他大刀阔斧地进行改革，使福特汽车公司走出危机。福特汽车公司董事长小福特却对艾柯卡进行排挤，这使艾柯卡处于一种两难的境地。但是，艾柯卡却说："只要我在这里一天，我就有义务忠诚于我的企业，我就应该为我企业尽心竭力地工作。"尽管后来艾柯卡离开了福特汽车公司，但他仍对自己为福特公司所做的一切感到欣慰。

"无论我为哪一家公司服务，忠诚都是我的一大准则。我有义务忠诚于我的企业和员工，到任何时候都是如此。"艾柯卡说。正是因为如此，艾柯卡不仅以他的管理能力折服了其他人，也以自己的人格魅力征服了别人。

一个真正把忠诚融入内心的人，不会因为老板的心胸狭隘、不能理解自己的真诚和忠心而产生抵触情绪，产生老板靠不住的想法，从而将自己与公司和老板对立起来。毕竟老板也是有缺陷的普通人，他可能无法对你做出客观的评价，甚至对你存有偏见。但你只要学会自我肯定，能够任劳任怨，甚至忍辱负重，并怀有一颗忠诚之心去努力，总会有机会证明自己的价值。如果因为一些小事，就和老板对着干，势必会把小事弄大，并因此影响公司的正常运营，这样反而为公司的发展提供了反作用力，又怎么能体现你的忠诚？

忠诚需要不折不扣的服从与执行

一位总裁说过："我的用人之道一个很重要的标准就是忠诚。当我们争论一个问题时，忠诚意味着你把自己的真实想法告诉我，不管你认为我是否喜欢它，意见是否一致。在这一点上，让我感到兴奋。但是一旦做出了决定，争论终止，从那一刻起，忠诚意味着必须按照决定执行，就像执行你自己做出的决定一样。"

在企业里，一名执行人员可以在执行任务之前尽量了解事实的背景，细心斟酌怎样才能把事情做好，并大胆地说出自己的想法，但一旦接受任务，你就必须服从，并且立即不折不扣地执行。

有些老板的专业素质可能不高，但他的成就往往都是他经过艰苦的努力一点点地拼搏得到来，他往往拥有非同寻常的洞察力与市场运作能力。他做出每一个决定往往是经过周密的考虑和计划的，即使你认为不正确，或者不能理解或接受，但它并不一定是错误的，必须经过实践加以检验才能做出最后判断。

因此，无论你在公司的地位有多高，只要你身为公司的员工，你就要谨记：你是协助上司完成决策的，而不是制订决策的。你要在业务技能方面全力辅佐他，让他的智慧通过你的才华得到最大限度的发挥。如果在通向目标的过程中，你不能服从老板、并不折不扣地执行命令，只会在前进的路上产生障碍，必然不能发挥出超强的战斗力，这样只会让你和老板越来越远。

忠诚要经得起诱惑和考验

马登在一家公司从事技术开发工作，很意外地被要求待岗，当然这比辞退好些，每月可领取一些生活费。但马登的工资一直不高，也没什么积蓄，一家人的生活顿时陷入了困境。

在他待岗在家的时间里，他接到了几个电话，电话里的人声称是马登所在那家公司的竞争对手，希望马登能提供一些公司研发的机密，并以给马登一份工作或10万美元作为回报。马登二话没说，断然拒绝了。第二次，对方将报酬提高到20万美元。在遭到马登再次拒绝后，对方说："你公司都让你待岗了，接下来你很可能被辞退，你又何必替公司保守机密？"马登说："虽然我被要求待岗，但替公司保密，是我做人的原则！"第三次对方打来电话时，报酬已高达50万美元。虽然这时马登正在四处借钱以维持家庭开支，但他仍然不为所动。从此，对方的电话再也没有打来。

一周后，马登又被意外地通知去上班，老板把代表公司最高荣誉的奖章——忠诚奖章发给了他，同时，老板还聘他担任公司开发部经理。原来，那三个电话都是老板安排人打的，根本不是什么竞争对手，只不是过干部聘任前的一次考察。

忠诚不是用嘴巴说出来，它必须经得起考验。因为经营一家公司，老板要冒很大的风险，一旦公司倒闭，老板将全军覆没，血本无归，而员工还可以寻找新的工作。所以老板必须时刻检验员工的忠诚度，以使公司在经营不善、处于危机时，能有人和自己同舟共济，共同进退。所以，老板会不时制造一些危机，以检验员工是否忠诚。在这种时候，只有时刻秉承忠诚的员工才能经得起诱惑和检验，得到老板的重用。

真正把忠诚融入内心

真正把忠诚融入内心的员工，体现出来的是一种自愿自发的行为，这种忠诚更是超越义务，它更体现了一种自觉和主动。这些员工对自己的要求往往超出了他人对自己的要求，他对公司体现出一种完完全全的尽心尽力，他在生活和工作中无时无刻不体现出忠诚。

忠诚的日本职员常以“我家”来称呼自己所在的公司，在称呼对方所在的公司时也不说“你们公司”，而是称“府上”。很多日本职员都把公司看成是自己社会生活的一切或整个生命价值和意义的根本，感情色彩极为浓厚。

丰田公司发生过这样一个故事：一个丰田公司的老员工，在他第一次正式约见女儿的男友时，就郑重地对未来女婿提出：“我无其他要求，只是希望以后你的家人和你们自己买车必须买丰田车！”这位老员工对丰田公司的忠诚可见一斑。

员工忠于公司最直接的行为就是融入公司，和公司成为一个共同体。一个人一旦成为某个公司的一员，他事实上就接受了公司既定的规则、惯例、人际关系等。他接受这一切，并将它们变成自己的价值观念；他把“忠于公司”变成一种信仰和原则，并据此看待他人。可以说，这样的忠诚是牢不可破的。

一个真正忠诚的员工不会只将忠诚挂在嘴边，而又将实惠捞在手里，因为他知道虚假的忠诚经不起时间的考验，最终必将会被老板看穿，自己吞食不忠的苦果，从而失去在公司的一切。只有把忠诚根植于内心，落实在行动上，真正为公司谋发展，创利益，才能和公司共同发展，创造双赢的辉煌局面。

◎ 问题自己解决，答案交给领导

刘小姐是一名行政助理，工作也算是认认真真、勤勤恳恳。不过，她的老板总是觉得她缺点儿什么，可是她真的没有犯过什么大错。她有一个记录本，里面记载着工作当中遇到的各种问题，只要解决一项就划个勾。可是，被划勾的问题实在是不多。这是因为，她从来没有主动思考过这些问题要如何解决，而总是将它们推给老板。一来二去成了习惯，其实她是有能力解决的，由于太依赖老板也变得不会解决了。直到有一天，老板找到了一名比刘小姐更适合这个职位的新职员。刘小姐只得无奈地离开了。

在工作上养成依赖性是很可怕的。一有事情就把它推给领导或同事，自己不去动脑筋思考如何处理，长此以往，就是聪明人也会变笨的。工作不是躺在洒满阳光的沙滩上晒太阳，你不付出辛苦和智慧，那么你如何提高？如何进步呢？人如果总叫别人搀扶着走路，永远不可能独立行走。另外，凡事都依赖别人的习性，未免使你的老板也太累了吧。

主动地、独立地思考才能让自己真正地成熟起来。人的大脑是一个很神奇的器官，如果你让它活跃起来，它将创造出无数的能量与智慧出来；如果你总是让它处于休眠状态懒得去使用它，那么它就是一台生了锈的机器，转动不起来的废铁而已。思想上的懒惰和依赖性对一个人的危害实在是太大了！

老板聘请员工的目的是为了帮他分忧，为他解决一些问题的。每一个岗位都应有一些具体的或是隐性一点的工作任务，这些任务里面多少都会出现些问题。我们工作的实质就是将这些问题解决好，把一个完美、准确的答卷交予自己的上司。这是员工的责任，也是应当完成的使命。就像是把信送给加西亚的罗文那样，他没有问上司：“我该怎么办？地点在何处？送不到该如何？……”他没有任何借口地履行着自己的责任，他只坚定着一个信念：“使命必达”。送信途中没有上级与同伴，出了任何状况只能靠自己一人去解决。最终，他靠着顽强的意志、坚定的信念，以及独立思考、自动自发的办事风格光荣完成了自己的使命。

老板是给我们下达命令，提出指示的，我们所要做的就是完成这些命令，思考这些指示该如何完成。也就是说，老板和员工，一个是提出问题的人，一个就是解决问题的人。员工才是问题的解决者，老板只是问题的提出者。工作是应该你做的，而不是叫老板替你来完成。解决工作上的问题就是员工应尽的责任和义务。

每一个生命体都具有解决问题的能力，这是一种本能。动物世界里有保护色，人类更是有聪明的大脑帮助我们来处理各种复杂的困难和难以预料的危机。如果你不去学着独立处理、解决一些问题，总要依赖老板或同事，久而久之，你的思想会僵化，头脑会生锈，工作能力也得不到提高，更不可能给公司和老板带来任何贡献，最后甚至连生存的能力都丧失了。

员工从踏入公司大门的那天起，就要树立起：我已经是这里的一员，这里的兴衰荣辱都与我的命运息息相关；公司的事情就是我的事情，老板的问题就是我的问题；在工作中难免会有困难，我要尽量靠自己的能力去解决，少给老板添麻烦，最好不添麻烦；解决工作中的问题是我到这里来最应做的事情……

一个人对公司有无归属感，有无责任心，不是光凭一张嘴说出来的，落实在具体的环节上，就是看他有没有自觉处理工作的能力，能否独当一面。在老板的眼里，没有任何一件事能够比一个员工独立地去解决和处理问题，更能表现出他的忠诚和独当一面的能力了。那些把问题像踢皮球一样踢来踢去的没有忠诚心和责任感的人，只能令领导不满。将问题抛给别人的做法就是没有尽到自己的义务的行为，这不但浪费了自己的生命，也辜负了公司和领导对自己的栽培与期许。

比尔·盖茨曾说："好的员工善于动脑分析问题，主动解决问题，而不是把问题推给老板。"美国前总统杜鲁门上任后，便在自己的办公桌上摆上了一个牌子，上面写着"Book of stop here"（问题到此为止）。他告诉所有的工作人员，要自己负起责任来，不要把问题抛给别人。只有树立起我们的责任感，并具有了积极和独立处理问题的本领。我们才能为所服务的机构提供有力而快捷的工作成效。

让问题到我而止，主动、自觉地去处理每一件事，把答案交给领导，将问题留给自己，让领导放开手脚去做更大的事情。这样，我们的公司才能发展得更快、更好。员工的路才能越走越顺，越走越宽。

◎ 拒绝浮躁，在本职岗位中深耕

在工作中最怕的是浅尝辄止，很多职场中人之所以没能取得理想的职位和薪水，很大一部分原因就在于他们对待工作三心二意，不能专注于一个行业。作为一名员工，如果你想要获得高薪，想要在职场有好的发展，就必须沉下心来，在一个岗位上"深耕"下去，才能有所收获。

歌德曾经说过："你适合站在哪里，你就应该站在哪里。"人生目标贯穿于生命的始终，对于每个人来说，选准奋斗目标、"深耕"下去是取得事业成功的基础。如果你在自己所从事的行业中一心一意地做下去，那么你将更容易取得成就，而在所属行业用心工作也将会使你和周围的人区别开来，让你的思想和眼界更开阔，并让你所从事的职业更具价值、更高尚。

现实中，当你选择了一个行业、进入一家公司后，无论你是怎样的才华横溢，你的能力也不太可能在短时期内充分展示出来，被老板发现并对你委以重任，它是需要一段时间的。可是一些年轻人意识不到这一点，他们经受不住这段时期的考验，老是觉得自己受不到老板的重视，继而选择跳槽去别的公司。这样一来，他们可能很难找到一家适合自己的公司，结果倒使自己成了一个找工作的能手。

俗话说"常挪的树长不大"，对于一个人的成长来说，经验的积累很重要，即使你有很强的能力，当面对一份全新的工作时，仍然会有一个熟悉的过程，然后你才可以"熟能生巧"，达到"精通"的地步。如果你隔不了多长时间就要换一次岗位，就像正在成长的小树中途夭折了一样，是不可能长成参天大树的。更何况，一般公司都非常注重员工的忠诚度，所谓"用人不疑，疑人不用"，试想你初到一家公司应聘，首先摆出一长串的履历，还有哪家公司敢录用你？即使某家公司出于某方面原因聘用了你，也会对你存有戒心，让你很难有出人头地的机会。

现实中，有些员工频繁更换工作，一辈子陷在跳槽的迷惘中不得安宁，或许还是因为他们缺乏自信、缺乏一种吃苦耐劳的精神。他们在工作中一遇到困难就想打退堂鼓，觉得自己没有足够的能力去克服，因此就认为这件事情我干不来，想找一份更容易的工作尝试一下。要知道，既然是工作，就有难题存在，如果你期望在工作岗位上事事一帆风顺，那无异于痴人说梦。再说了，人人都会干、没有困难的工作也不能让人有一种成就感，难道你就甘愿在这样的岗位上平平庸庸地混一辈子吗？

"世上无难事，只怕有心人。"事实上，只要你专注于一件事，集中精力将这件事情做精、做细、做透，那么即使是一份在别人看来很平凡、毫无生气且没有意义的工作，你也能将它做得有声有色，体现出自己独特的价值。

曹祥云原先只是格力电器公司的一名搬运工，因为工做出色，他被部门举荐去学习开叉车。尽管是个装货的叉车工，但技术含量并不低，叉车的两只铁臂必须准确无误地伸进放置了十几台空调的木制托盘内不足10厘米高的空间，稍不注意就会将空调叉坏。开始时曹祥云的技术并不熟练，但经过一年多反复练习，他的精准率已经排在了公司第一位。

后来，格力电器公司又生产了一批新型号的5匹空调，底部的叉板很窄，叉车叉进去很容易刮伤空调，这就意味着要进一步提高叉车的精准度。于是，这便成了曹祥云日思夜想的一个难题。

有一次，曹祥云和朋友吃饭，因为没有打开啤酒瓶的工具，朋友便开玩笑地说："干脆你开台叉车来开啤酒吧！"虽然是句玩笑话，曹祥云却当了真。他想：如果自己的技术能熟练到打开啤酒瓶的程度，那么就算空间再狭小，也不会造成空调的破损。说干就干，他回去后立即买来几箱啤酒，一有空就练习，慢慢地，他竟然能够熟练地用货叉打开瓶盖而啤酒瓶不会有任何的破损了。

他的技术在实践中得到了证明。有一次，因为公司突然停电，致使整个仓库的装卸作业被迫停止，而该批次的出口空调集装箱要立即报关，要是时间一耽误影响了交货的日期，就会给公司造成很大损失。在这紧急关头，有人提议用叉车来试试。然而，六台空调要全部装进集装箱、每台空调的距离不能超过10厘米，其难度可想而知，连干了十几年的老司机都直摇头。可是，曹祥云却主动接受了这个任务，他凭着自己高超的技艺，将一台台空调全部顺利装车。从那以后，曹祥云就获得了"叉车王"的美誉。

工作难免有困难，我们做事情就要有一股不服输的劲头，有难题解不开，跌倒了从头再来，做个"输得起，打不死"的"小强"，这样你何惧事业不能成功！与其把自己的精力分散到许多无关紧要的事情上，不如瞅准一个目标，集中精力去埋头苦干，这样你一定会收到良好的成效。一个聪明的员工是不但能够了解必须倾注全部力量到一件事上去才能达到目标，还善于利用他那不屈不挠的意志和持续不断的恒心去争取胜利的。

“如果你能做好一枚螺丝钉，也远比一台粗制滥造的蒸汽机更能赚到钱”，不管怎么说，拥有一种专门的技能，要比有着十种心思却样样都提不起来的人成功得多。因此，我们要根据自身的实际情况，把有限的精力用到最能出成果的事情上，全力以赴地去奋斗，并在这一过程中时时注意自己的缺陷，弥补自身的不足，那么巨大的财富和荣誉也自将随之而来。

◎ 多做分外活，好运自然来

曾有机构作过这样一次社会调查：如果没人付给你加班费，你还愿意加班吗？有5000名员工接受了这次调查，其中有4000多人认为：“谁愿意加班啊？更何况还没有加班费！”而将近有800的人说：“要看具体情况，如果公司确实有难处，可以适当加班。”剩下不到200的人则觉得“可以随时听从公司安排”，他们认为，公司要求加班必有它的理由，作为员工就应该服从。

从这项调查中不难看出，绝大多数职场人是安于这样的工作状态的——每天工作八小时之后，剩下的时间就是自己的了，他们连一分钟也不愿意在公司多待，一下班就急急忙忙地赶回家。在工作当中，他们觉得做好自己的本职工作就可以了，至于所谓的“分外”活，从不愿意多做一点，通常会以“这不是我的工作”为由来推托。

每个人都有属于自己的一份差使，很多人也只在意自己分内的工作。他们认为老板出钱，自己出力，这是很公平的交易，没有什么不妥。抱有这种想法的人，分内的工作或许做得还比较扎实，分外的工作就淡然处之了，甚至还会采取明哲保身的态度，奉行“事不关己，高高挂起”的处世原则。虽然他们天天按部就班地工作，却缺乏活力。从表面上看，他们对工作是负责任的，但由于没有“以公司为家”的意识，无论如何对公司的态度则是一种不负责任的表现。

实际上，作为一个员工来说，公司的事不分大小，事事都与己有关。虽然我们没有义务去做自己职责范围以外的事，但只要事关公司，我们就不应该置身事外，袖手旁观。尽管做这些事情会占用我们宝贵的时间，但这种行为本身将会为我们赢得良好的声誉。一个员工要想培养起自己的责任心，就要摈弃对他人他事漠不关心的职场心态，有意识地让自己多参与一些固定工作以外的工作。当你觉得每一件事情都与自身有关时，你就会去承担起相应的责任。

付出多少，就会得到多少回报，这是人类社会的因果法则。也许你的投入不能立刻得到相应的回报，但是也不要气馁，一如既往地多付出一点儿，回报可能就在不经意间以出人意料的方式出现——晋升或者加薪。

著名房地产经纪人戴约瑟早年参加工作时，曾有这样一段经历：

在戴约瑟 14 岁的时候，他还只是一个听差的小孩。在戴约瑟看来，要做一个售货员是一件不可能的事情，而这又是他极想做的事。

有一天下午，从芝加哥来了一位大主顾。这天是 7 月 3 日，而这位主顾必须在 7 月 5 日动身前往欧洲。他在动身之前需要订一批货，但这要到第二天才能办好。大家知道，7 月 4 日是美国的国庆日，当然是放假的日子，不过店家答应第二天会有一个店员前来照料。

普通订货的手续是主顾先把各色货样都看过，然后选定他所想要的。在这之后，售货员再把所订的一卷一卷的货单拿出来检查一遍。这次店长派了一个年轻店员牺牲自己的假日来取货，但该店员却说他的父亲非常爱国，绝不肯叫他把国庆日这样地卖掉了。他所说的当然只是推托之词，其实真正的原因是他想看球赛。

戴约瑟不失时机地告诉那个店员，他愿意代替该店员在国庆节过来取货。那个店员答应了，在他回去看球赛的当儿，戴约瑟把所有事情都处理得有条不紊。就因为这戴约瑟获得了提升，到17岁的时候，他终于如愿以偿做了一个售货员。

不要总是排斥分外工作，觉得不是自己该做的事情就逃避和推卸责任，这不是有气度和有职业精神的表现。当额外工作降临到自己头上时，我们不妨将其视为一种机遇。要知道，那些在工作中勇于负重、任劳任怨，能够为老板分忧解难的员工，才是最受老板器重和企业重用的员工。

工作中，一般人认为忠实可靠、尽职尽责地完成老板分配的任务就可以了，但这是远远不够的。无数百万富翁成功的经历反复证明了额外投入的回报原则，特别是在他们早期创业时，这一原则尤显重要。当他们的努力和个人价值没有得到老板承认的时候，往往会选择独立创业，在这个过程中，早期的努力使其大受裨益。事实上，你付出的努力就好比存在银行里的钱，只要你有需要，随时都可以为你服务。

现实中，没有几个人能在工作当中轰轰烈烈、大起大落，绝大多数人都是在日复一日、年复一年地重复着同样的工作。而要想在重复单调中体会出乐趣，在平凡中孕育出伟大，我们必须放低姿态，用进取之心点燃对工作的热情，让自己在平凡的岗位上创造出不俗的业绩，而不要自觉高高在上，对公司的任何事情都冷眼相对，也不要好高骛远，看不起工作中的小事。如果你能经常去做一些分外的工作，就能时刻保持斗志，在工作中不断地锤炼和充实自己，引起别人的注意。

对于员工来说，虽然不做分外活也说得过去，其责任不在员工自身，但是如果你将分内和分外事情的界线划分得很清楚，眼睛里只看到什么是自己应该做的，多做一点就怨声载道，讲条件图报酬，这对你工作能力的提高也会是一个很大的障碍。而作为一个优秀的员工，他永远都不会缺乏主动做事的精神，他懂得为自己负责，更懂得为老板负责，为公司负责。

要知道，在很多时候分外的工作对员工来说就是一种考验。如果你能把分外的工作做好，对你的能力来说是一种证明，你在职场就比别人多具备了一项优势。而即使把事情搞砸了，只要你敢于承担责任，也能说明你是一个优秀的员工。只要通过不懈的努力，职位和报酬仍然会接踵而至。

对于“分外”活，只要你抱着热忱的态度去做，就一定会有成效。无论你是管理者，还是公司的普通职员，不局限于自己分内的工作，不计较于眼前的报酬，多做“分外”活，都将使你从激烈的职场竞争中脱颖而出。

◎ 抵御诱惑，严守公司秘密

对于我们为之效力的公司来说，任何有关它的内容和细节，我们都不要轻易地对外界透露。许多时候，公司的商业机密往往都是在无意之间，在你和他人的谈话中不小心被泄露的。从比较广泛的意义来说，公司的秘密不光是公司的战略部署等大的决策，一些小的决定或者预想都有可能成为公司竞争对手掌握你们的把柄。

在一次国际性商贸谈判中间休息时，英国的一位裘皮商人主动给美国的谈判人员递烟闲聊：“今年的黄狼皮比去年好吧？”美国人随意地应了声：“还不错。”那人紧跟了一句：“如果想买二十多万张不成问题吧？”美国的谈判人员不经意地说：“没问题。”

英国商人在不动声色中掌握了美国有大量的黄狼皮在寻找买家的商情。在随后的谈判中，英国商人以比原方案高出5%的价格，主动向美国商人收购了两万张黄狼皮。可是随后就有人用低于英国商人的报价在英国市场上大量抛售黄狼皮。当美国商人向其他国家的报价全部被顶回时，他们才恍然大悟：原来英国商人是有意用高价稳住自己，使其他的商人不敢问津，以便把他们大量的库存抛售，只用微小的代价换取了抢占了市场的先机。

企业的竞争对手，在生活中有可能就是我们朋友、亲人。亲朋好友在一起聊天不可避免地要谈一些关于各自公司的事情，这非常正常。然而，公司的一些秘密也很容易在你们的闲聊之中被无意泄露。所以在谈论公司事务的时候，不管是同任何人，在何种环境下谈都要特别地谨慎小心。谁都不愿意自己的公司受损失，也不愿意泄露公司的机密，可是机密往往是被我们非故意地出卖了。所以，公司的事对外还是要少谈，最好是不谈。俗话说，言多语失。在聊起来的时候，难免会说一些多余的话，这些话说不定就是你埋下的信息地雷。

保守住公司的秘密除了要坚守良好的职业道德，不被人利用诱惑之外，还要具有一定的技巧。对于外界来讲，公司的不少细枝末节都有可能是商业机密，普通员工就很难分辨清晰哪些是无关紧要的，哪些又是绝不能说的秘密。当我们陷入这种境地拿不定主意的时候，最聪明的做法就是选择装糊涂或者是保持沉默。这样做，既不丢自己的面子，也保全了公司的利益。

能保守好自己公司的机密，不仅能让公司免受损失，并且还能赢得领导对你的信任。一个公司求得一名有才华、有能力的优秀员工不难，难的是求得一个既忠诚又有能力的员工。一个好员工一定要时刻做到保守住公司的秘密，要抵御住诱惑，要管住自己的嘴巴，并提醒自己：你轻易说出的一句话，有可能会毁了你的前程；相反，如果你尽力保守公司的机密，很有可能会给你带来不错的机会。

哈瑞是英国一家电子器件公司的名技师。这家公司的规模相对较小，在日益激烈的市场竞争中，时刻面临着来自大电子器件公司的威胁，处境十分堪忧。

有一天，一家大电子器件公司的负责技术的部门经理，忽然邀请哈瑞共进午餐。哈瑞以为他们是想和自己的公司合作什么项目，就很快地答应了。

哪知用餐的时候，邀请哈瑞的部门经理对他说："哈瑞先生，你不觉得现在公司给你的回报太少了吗？我可以给你提供帮助，只要你把公司最新产品的数据信息给我，我会给你一个很好的回报，我想你一定很乐意。"哈瑞吃惊地望着这个部门经理，一下子就愤怒了："先生，请不要再说了！虽然我们公司的效益暂时不太好，处境也比较艰难，但是，出卖良心的事我做不出来，守住公司的机密，是我分内的责任。"

"好，真是好样的！"听完哈瑞的话，部门经理并没有生气，反而对哈瑞颇为欣赏，温和地对哈瑞说："既然如此，那我们就愉快地用餐吧。"

不久，由于形势越来越严峻，哈瑞所在的公司破产了。哈瑞失业了，一时又找不到合适的工作，只好在家里等待机会。

有一天，哈瑞突然接到一家电子器件公司的电话，让他到公司报到。哈瑞心想，他并没有给这家公司寄任何求职信，为什么会让他报到呢？

哈瑞在百思不得其解的心态下，来到了这家公司。出乎意料的是，这家公司的总裁热情地接待了他，并且拿出一张聘书——请哈瑞做技术部经理。

哈瑞吃惊地问道："为什么这样相信我？"总裁看着他，认真地说："原来的部门经理退休了，他向我说起了那次去找你的事，并郑重地向我推荐了你。你的技术是出了名的，而你的正直，更让我佩服！"

哈瑞顿时想了起来，有力地握了握总裁的手。后来，凭着自己精湛的技术和良好的信誉，他成为了一名英国一流的职业经理人。

◎ 多想想能为公司做些什么

有些员工，不看自己能为公司做些什么，只是一味地看公司能给他带来什么。抱着这种心态工作的人，工作上很难有成绩，只图回报的人，是不可能卖力工作的。

在老板眼中，业绩才是最耀眼的，只有业绩突出的人，才是老板眼中有价值的人。有的员工只想着“将来我能拿多少钱？能接受什么培训？能享受哪些福利？”而不是先考虑“我能为公司做些什么，创造什么价值？”这种对待工作的态度是非常有害的，尤其对初入职场的年轻人更是如此。在对公司有所要求的同时，首先应该正确客观地评价自己。

公司的生存、发展靠员工的业绩来保障，员工只有卓越地完成公司下达的任务，公司才能产生良好的效益。如果员工整天轻松地谈天说地，工作马马虎虎地去做，那么他的薪水从哪里来？如果公司效益差，不但员工的薪水得不到提高，还有可能得不到保障。

对于公司来说，能够创造财富的员工才是优秀的员工。有技术、有能力的员工不见得就是有价值的员工，只有真正为公司着想，全心全意为公司做出贡献的员工才是有价值的员工、优秀的员工。

陈小姐是一家大型建筑公司的设计师，常常要跑工地，看现场，还要经常修改方案细节，工作上是异常辛苦，但她毫无怨言。虽然她是设计部惟一的女性，但她仍然和男同事一样，事事不落人后，也从不逃避强体力的工作。

有一次，公司安排她为一名客户做一个可行性的设计方案，时间只有3天。接到这项艰巨的任务后，她都处于一种异常兴奋的状态，满脑子想的是如何把这个方案做好。她到处查资料，虚心向别人请教。

虽然熬得眼睛布满了血丝，但她还是准时把设计方案圆满地完成了，并受到了公司的嘉奖。因为陈小姐做事积极主动、工作认真，公司不但提升了她，还将她的薪水翻了一倍。

员工的工作业绩是衡量其工作价值的惟一标准，业绩越突出，报酬就越多。任何一个公司，看重的是结果，要的也是结果。员工的工作，本身就是解决问题的，所以没有结果的工作就等于是没有解决问题，这对公司来说，是没有任何意义与价值的。对员工来说，也是一种失职行为。

员工的工资及福利与绩效挂钩，二者是紧密相连的。如果你做得很好，老板就会给你相应的报酬，而且会有增无减。老板是不会轻易减工资的，哪个员工如果有一天发现自己的工资少了，就要反省一下自己了。作为员工，你是要不断成长的，既然公司为你提供了一个施展的平台，给你学习与发展的机会，你就要不断地努力，掌握更多的知识，增长更多的才干，做出更多的成绩。作为一名员工，经营绩效就是你的目标，你的任务，努力为公司创造利润是你义不容辞的职责，公司的成长完全倚赖你的努力程度。利润是公司生存的血液，没有足够的血液公司是无法生存与发展壮大的。员工就是公司的造血细胞，他们的努力将激活公司的生命热情，使公司不断自我注入发展活力。

工作是给自己做的，不是给领导做的。不论是在哪个岗位，都必须把工作做好。单位的每一位员工所做出的成绩是反映单位的业绩和成就。所以，每一位员工都要积极进取、奋发求实、追求卓越、作一流员工、干一流业绩。作为员工，只有不断提高业绩，才能增强职业竞争力，进而成为公司需要的“造血细胞”。

员工的晋升速度是由自己的实际能力决定的，每一位有能力的员工都可以凭借自己的努力得到提升。如果你只是一个平淡无奇的小人物，你没有理由抱怨不被注意，因为你没有被注意的价值。要想引起注意，要想有自己的立场和声音，你先要站起来去为自己争取“结果”。

工作的核心就是业绩。要想成为职场中的佼佼者,要想超越其他人,就要毫不懈怠、竭尽全力地把你那一行做好。如果你在工作的每一阶段都能以更高效率、更经济的方法办事，你在老板心目中的地位就会与日俱增。

不必为付出的精力与获得的报酬不对等而心理失衡，做事不要计较太多,只要你用心做了,该得到的都能得到。做事不认真,处处投机取巧,短期内看似不吃亏，但长远来看，你不会有大的收获，甚至不可能有收获。一个过于计较得失的人，不肯多付出一点精力与汗水，哪怕是一个小小的建议都不肯提，这样的员工不管多么有才华，本领怎么大，都不可能到得高薪。

有的员工常常抱怨工作繁重，薪水太少，他们没有掂量自己的真正实力，没有意识到自己的价值有多大。有多大的价值就会有与之对应的薪水，如果你创造的价值远远大于你的薪水，那么早晚你都能获得高薪，这也许就是时间的问题。

“我能为公司做什么？”这应该是每一位员工所要思考的问题。业绩都是做出来的，当你积极、主动地做出业绩的时候，你就能得到公司所给你的相应报酬。

突出的工作成绩最有说服力，最能让人信赖和敬佩。能为公司赚钱的人，才是公司最需要的人。只有为公司赚取更多的利润，才能在职场中稳操胜券。

守责任

使命必达，落实责任要到位

ZUOZUISHOUDANWEIHUANYINGDEYILIUYUANGONG

工作就意味着责任。作为最基本、最宝贵的职业素质，责任心已经成为很多单位选人用人的重要标准。放弃了对工作的责任，对自身而言，就意味着放弃了在单位发展与提升的机会；对企业而言，你将成为老板难以信赖的人，从而成为随时可能被替代的员工。责任拥有塑造人生的积极力量：负责任不会让你失去什么，相反，在每一份责任心的背后，都隐藏着你意想不到的机遇。

一、责任至上，天赋使命不容推卸

◎ 责任是一种使命

正如猫的使命是抓捕老鼠、狗的使命是忠于主人、蜜蜂的使命是采花酿蜜、蜘蛛的使命是织网捕虫一样，人作为万物的灵长，同样有着属于自己的使命。

在这个世界上，每一个人都扮演着不同的角色，每一种角色又都承载着不同的责任，想要成功地饰演自己的角色，首先就要承担起角色赋予自己的责任。

在1968年的墨西哥奥运会上，最后跑完马拉松的选手，是来自非洲坦桑尼亚的约翰·阿赫瓦里。在比赛过程中不慎跌倒的他，拖着摔伤且流血的腿，一瘸一拐地跑着。当他回到体育场时，比赛早已结束了，偌大的体育场内几乎空无一人。尽管如此，约翰仍拖着疲惫的身体，努力地绕完体育场一周，跑到了终点。没有鲜花，没有掌声，但是到达终点后，约翰开心地笑了，右手握拳并用力地挥向天空。后来有人问他：“比赛早已经结束了，没有人会在意你是否跑到终点，为什么你没有放弃比赛，而是坚持跑到最后呢？”他回答道：“我的国家从两万公里之外送我来到这里，不是要我在比赛中起跑，而是要我完成比赛。”

责任能带给我们巨大的力量，让我们在成功时保持冷静，在困难面前永不言弃。强烈的集体责任感，使约翰没有因为困难而轻易放弃，坚持到了最后。如果我们在工作中时刻怀抱一颗责任心，一定会收获更大的成功，最大限度地实现自身价值。

一个人，无论从事什么工作，都要心怀一种使命感，用负责任的态度去对待自己的工作。很多时候，我们的努力和坚持，不仅为了自己，也为了别人。

在斯特拉特福子爵为克里米亚战争举办的晚宴上，人们做了一个游戏，军官们被要求在各自的纸片上，秘密地写下一个人的名字。这个人要与这场战争有关，并且是最有可能流芳百世的人，结果每一张纸上都写着同一个名字——南丁格尔。

一位和南丁格尔一起工作过的外科医生说："她的感觉系统非常敏锐。我曾经和她一起做过很多非常重要的手术，她在护理病人的时候，从来都是竭尽全力，没有半点疏忽。特别是，当救护一个垂死的重伤员时，我们常常可以看见她穿着制服出现在那个伤员面前，俯下身子凝视着他，用尽她全部的力量，使用各种方法来减轻他的疼痛。"

"她和一个又一个的伤员说话，向更多的伤员点头微笑，"一个士兵说，"我们每个人都可以看着她落在地面上的那亲切的影子，然后满意地将自己的脑袋放回到枕头上安睡。"另外一个士兵说："在她到来之前，那里总是乱糟糟的，但在她来过之后，那里却变得像教堂一样圣洁。"

在强烈的使命感的驱使下，在短短3个月的时间内，南丁格尔使伤员的死亡率从42%迅速下降到2%，创造了当时的奇迹。责任是一个人能够给予世界和他人最好的礼物。守住责任，也就守住了生命最高的价值，守住了人性的伟大和光辉。

在这个世界上，所有的人都是相依为命的，只有所有人共同努力，郑重地担当起自己的责任，才会有生活的宁静和美好。任何一个人懈怠了自己的责任，都会给别人带来不便和麻烦，甚至是生命的威胁。

叶志平，四川安县桑枣中学校长。他是全国几千万所学校中，一个普通而平凡的中学校长。然而，他身上所具有的强烈使命感，使他赢得了人们的尊重。

2008年5月12日下午，四川突然发生强烈地震，而位于这次受灾最为严重的地区中的桑枣中学，却顽强地存活了下来，2300多名学生以及教职工全部安全地撤离。这不得不说是一个奇迹！

创造这个奇迹的人，正是校长叶志平。他并非施展了什么魔法，而只是坚守住了自己的职责，把“以人为本，保护师生生命安全”作为校长的天职。

五年前，他刚一上任，就把改造学校危楼当做第一要务，千方百计地筹集资金，把教学楼逐一加固。更重要的是，每个学期他都要组织全校师生，进行一次紧急疏散演练。

演练时，每个班级的疏散路线都是划定好的，在每个班级内，前四排学生走教室前门、后四排学生走后门……对于演练，有些学生觉得好玩，有些老师觉得小题大做，可是叶志平不为所动地把演练坚持了下来。终于，在谁也没有思想准备的2008年5月12日14时28分的地震中，这种紧急疏散演练，挽救了全校师生的性命。

当地震来临的时候，叶志平正在校外，在校的师生按照早就形成的紧急预案，2300人仅仅用了1分36秒，便全部撤离险地，集合到空旷的操场上。当他驾车赶回来，看到2300名师生井然有序地站立在平时演练的固定位置时，他哭了，不是为自己的成功而流泪，而是为2300名师生毫发未损而喜泣！镇定下来之后，他逐一答复学生家长的紧急电话询问，向每一位家长报平安。这样的平安，对学生家长和教师亲属来说，是最大的喜讯。

我们在感动的同时，是否更加明确了责任的重要性？如果人人都能坚守住自己的使命，那么，无数因人为原因造成的矿难、火灾、列车出轨、轮船翻沉、钢包倾覆之类的事故都可以避免，至少可以把损失降到最低。

责任，是一个人最根本的义务和使命，是我们实现个人价值和人生理想的前提。我们的家庭需要责任，因为责任让家庭充满爱；我们的社会需要责任，因为责任让社会更加和谐、稳定地发展；我们的企业需要责任，因为责任让企业更有凝聚力、战斗力和竞争力。把使命感和责任心融入日常的工作和生活，你的事业和人生必将变得更加辉煌和壮丽。

◎ 工作就意味着要担负责任

在这个世界上，没有不需承担责任的工作，而你既然选择了一份工作，就意味着你必须承担起一份责任。没有责任感的军官不是合格的军官，没有责任感的员工也不是优秀的员工。一个人要干好自己的本职工作，必须具备高度的责任感，以火焰般的热忱和生生不息的奋斗精神去迎接工作中的每一天。身为员工，你一定要牢记：无论做什么事情，都不能忘记自己的职责，无论在什么样的工作岗位上，都要对自己的工作负责。

现实中，责任是由许许多多的小事构成的。你选择了一份工作，就要接受这份工作的全部。比如说，早晨闹钟响起来，该到上班的时间了，你躺在暖和的被窝里，而外面阴冷冷地下着雨，你是多想再睡一会儿啊，可是责任感驱使你立刻从床上爬起来，穿衣、洗漱，然后精神抖擞地去上班……试想，如果没有工作，你还需要承受这份早起的辛苦吗？

推卸眼前的工作，就是推卸责任。而当需要你承担起一份重大的责任时，如果总想着等以后准备好了、条件成熟了再去承担，这种想法是错误的。你要做的是马上就去承担它，这对于你来说就是最好的准备。如果你不愿意这样去做，那么即使等到条件成熟了，你也不可能真正地承担起来，对于重要的事情，你更不可能把握好。

不要觉得责任就是负担，或许对于你来说，承担工作中的责任不是一件轻松的事情，它需要你做出某种牺牲，让你在承担责任的过程中备感辛苦与压力，但你不妨换个角度来看待工作中的责任。事实上，承担责任是对你的价值和能力的一种肯定和证明，如果你不具备承担责任的能力，别人又怎会强你所难呢？你应该为自己拥有一份工作、承担一份职责而骄傲，因为这足以证明你的存在是有价值的。

你可以站在老板的角度思考一下，在分配任务时，他会信任什么样的人呢？在提升职位时，他会优先考虑哪一类员工呢？如果老板在分配任务时，对你极不放心，甚至还要派人来监督你，三天两头检查你的工作进度和工作质量，你一定不会觉得好受，但你更应该反思一下：你对自己的工作尽到责任了吗？

责任感是简单而无价的，因为它可以存在于每个人的心中，让人们创造出无形的价值。所以美国前总统杜鲁门的桌子上摆着一个牌子，上面写着：Book stop here（问题到此为止），体现的就是责任感。现实中，如果每个员工在工作中都能够做到“Book stop here（问题到此为止）”，那么这样的公司必定会有着令人瞠目的发展速度，这样的员工也将赢得足够的尊敬和荣誉。

大学毕业后，吕凯到一家家具厂做采购员。工作半年后，由于公司计划进一步扩大生产规模，为了提高产品质量，增强市场竞争力，公司决定从东北地区购进一批优质木材。当这项采购任务最终落到吕凯身上时，部门里的几个同事都很羡慕他有这样的“美差”，因为这次公司采购的份额大，只要在报价上略施小计，就能捞到不少“外快”。

面对同事羡慕的眼光，吕凯不以为然。他到东北后，并没有直接去找供货商联系，而是先到木材市场作了一番深入细致的调查，这样就对公司要采购的同一品种木材的零售价有了初步了解。之后，吕凯又联系了几个同行，大家在一起交流后，他发现自己所要采购的这批木材市场价格比供货商开出的价格足足低出了五个百分点。吕凯对木材供应市场又作了进一步的研究分析，很快掌握了供货商的价格底线。

做好这一切工作之后，吕凯立即将自己所掌握的信息向公司作了汇报。公司很快发出要求他全权负责的通知，于是吕凯开始找供货商谈判。由于事先对市场作了调查，供货商的花言巧语没能迷惑住吕凯，他们最终以很低的价格签订了采购合同。

这次采购让吕凯赢得了领导充分的信任和赞赏。回到公司后，领导特意召开公司全体员工会议，对吕凯予以表扬，并号召全体员工向他学习这种对工作认真负责、把公司的事当做自己的事的敬业精神。并且不久后，吕凯就受到了公司重用，被任命为供应部门的经理。

一些员工认为，只有那些有权力的人才有责任，自己只是一名普通员工，没有什么责任可言，一旦工作出现失误，有权力的人理应承担责任，而自己则是无事一身轻。要知道，成功人士大多都是从平凡的岗位做起的，不同的只是他们意识到了自己的责任，并且承担起了责任。他们在承担责任的过程中不断成长，最终才成就了自己辉煌的事业。

在工作中，一个人的职位越高、权力越大，他肩负的责任就越大。要知道，高职和高薪同样也意味着更高的责任和对职业奉献精神更高的要求。想要在工作上有一番成就，让老板器重自己，就必须不断寻找机会，扩大自己对公司的贡献。不要害怕承担责任，要坚定信心，相信自己一定可以承担起任何正常职业生涯中的责任，也一定可以比前人更出色地完成工作。

一些人没有意识到工作的职责所在，他们对一切组织中的岗位制度都莫名其妙地抱有一种抵触情绪。他们在工作中总是一副漫不经心的样子，对公司和自己的工作也时时抱以嘲讽的态度，稍有不顺就走人，跳槽频繁。可以说，在他们身上看不到一点责任的影子。要知道，每份工作都有它的职责，也都有它的意义；有它赋予我们的权利，也有它赋予我们的义务。一个真正有责任心的人，即使对自己的工作不感兴趣，想跳槽，在离开之前也会站好最后一班岗，做到善始善终。

不管怎么说，只有具备责任感的员工才能把工作做好。有了强烈的责任感，在工作中遇到问题就不会相互推诿、扯皮，对待工作就会一丝不苟。一个有责任感的员工更愿意花时间去研究解决问题的各种机会和可能性，他对分配给自己的任务勇于“复命”而不是“逃命”，他不但对自己的工作负责,也会对公司负责,因而不会太多地去计较“分内”或“分外”的职责。这样的员工当然更值得信赖，在工作中也能取得更大的成就。

◎ 责任是不得不做的事情

世界上有很多事是不得不做的，工作就是其中之一。做工作不能光凭兴趣，还有我们不得不做的事情，那就是责任。

美国通用电气公司前CEO杰克·韦尔奇说过：“做什么人，就要担起什么责任，否则便是不合格、不称职。”选择了一份工作，不管你爱不爱干，但只要是在岗位一天，就应当尽心尽力，恪尽职守将这份工作做好、做完善，这才算是有责任感的员工。这种人无论走到哪里，都会受到欢迎和喜爱的。

只要看一看一个人的精神状态，就可以判断出他能否成为优秀的员工。把工作当成一种责任的人，一定能将工作做得好上加好。因为他们不会敷衍和懈怠，对于应做的事情，总是认认真真、尽心尽力地完成。

工作给我们带来很多，稳定舒适的生活、身心愉悦的感受、多姿多彩的人生等。更为重要的是：工作让我们展现自我的才能，实现生命的价值和意义。虽然大多数人的工作很平凡，但只要你承担起了工作责任，你的人生就是有价值、有意义的。那些敬业负责的人们，没有豪言壮语、没有感天动地，只是默默地做着自己该做的事情，不敢有丝毫懈怠，用自己的热情、知识，以及职业的良知辛勤耕耘着。因为他们知道，对于工作，除了自己的职责之外，更有对集体的、他人的，社会的责任存在。

仁爱医院妇科医生袁德正的办公室来了一对送锦旗的夫妻。不久前，宫外孕43天的刘女士“化险为夷”。袁德正医生在刘女士怀孕30

天无法确诊的情况下，凭借丰富的临床经验，初步诊断刘女士为宫外孕，在随后的两周时间内，多次沟通提醒，直至确诊。刘女士和家人为袁医生高度负责的医德医风所感动，送锦旗以表达他们的感激之情。刘女士说，如果不是袁医生，不仅孩子的生命保不住，可能连自己的生命都丢了。面对赞誉之词，袁医生的回答是："这是我的工作职责所在！"

负责任地去工作，应是发自肺腑的，真心实意地去付出，而不是为了讨好领导，获得奖赏和晋升的机会。每一个岗位上的人，都在做着他职责之内的事情，每个职责的背后都在直接或间接地为他人带来了诸多方面的好处。有责任感的人为自己能给他人带来的一切感到自豪和满足，可是在满足感的背后，他们从不要求他人对自己有什么回报，这一切都是发自内心去做的，都是应该做的。

王顺友是四川省凉山彝族自治州木里藏族自治县马班邮路投递员。马班邮路在正式文字中被定义为"用马驮着邮件按班投送的邮路"。在21世纪的中国邮政史上，这种原始古老的通邮方式堪称"绝唱"，而在木里人的眼里，这却是他们唯一的选择。

木里藏族自治县位于四川省南部，紧邻着青藏高原。这里群山环抱，地广人稀，平均每平方公里的地面上只有9个半人。全县29个乡镇有28个乡镇不通公路、不通电话，马班邮路是当地乡政府和百姓与外界保持联系的唯一途径。全县除了县城外，15条邮路全部是马班邮路，而且绝大部分在海拔4000米以上的高原上。

作为一名乡邮员，王顺友的任务是把邮件准确无误地送到目的地。不管采取什么方式，不管有多大的困难，一切只有靠自己去想办法。按时完成传递任务就是他的职责和使命。

由于投递线路长，一个班期要走14天，一个月要走两班，一年365天，王顺友有330天走在邮路上。在邮路上，他先要翻越海拔5000米、一年中有6个月冰雪覆盖的查尔瓦山，接着又要走进海拔1000米、气温高达40摄氏度的雅砻江河谷，中途还要穿越大大小小的原始森林和山峰沟梁。他这样描述自己的生活：冬天一身雪，夏天一身泥，饿了吞几口糌粑面，渴了喝几口山泉水或啃几口冰块，晚上蜷缩在山洞里、大树下或草丛中与马相伴而眠。如果赶上下雨，就得裹着雨衣在雨水中躺一夜。同时，他还要随时准备迎接各种突来的自然灾害。

王顺友不知在这恶劣的自然环境和艰苦的工作条件下，在马铃孤寂的叮当声中，经历了多少次生与死的考验？他用超乎常人的坚韧，日复一日，年复一年，在漫长的马班邮路上，孤独跋涉了20年，行程26万多公里，相当于围绕地球转了6圈！

把政府的声音传到一个个偏僻的山村，把远方亲人的问候送到大山里的千家万户，把致富的种子撒在木里的土地上——他在异常艰苦的条件下，依然牢记自己的职责和使命，二十多年如一日，忠诚地履行着一个邮政工作者的职责，从没有延误过一个班期，从没有丢失过一份邮件，投递准确率达100%

与王顺友的工作环境和条件相比，我们的环境就算再差，也比他强上百倍、千倍，可是如他那般爱岗敬业的人，却不多见！

◎ 把责任时刻牢记心上

爱默生说：“责任具有至高无上的价值，它是一种伟大的品格，在所有价值中它处于最高的位置。”科尔顿也告诉我们：“人生中只有一种追求，一种至高无上的追求——就是对责任的追求。”

可以说，责任伴随着每一个人生命的始终。从我们来到人世间一直到我们离开这个世界，我们每时每刻都要履行自己的责任：对家庭的责任，对工作的责任，对社会的责任，对生命的责任。

人可以不伟大，也可以清贫，但不可以没有责任心。任何时候，我们都不能放弃肩上的责任，扛着它，就是扛起自己生命的信念。

社会学家戴维斯说：“放弃了自己对社会的责任，就意味着放弃了自身在这个社会中更好生存的机会。”同样，一个员工放弃了对公司的责任，也就放弃了在公司中获得更好发展的机会。放弃承担责任，或者蔑视自身的责任，就等于在自由通行的路上自设障碍，最终摔跤跌倒的也只能是自己。

作为公司里的一名员工，面对你的职业，你的工作岗位，时刻不要忘记你的责任，因为工作呼唤责任，工作意味着责任。

管理学家认为，责任首先是员工的一份工作宣言。在这份工作宣言里，你首先表明的是你的工作态度:你要以高度的责任感对待你的工作，不懈怠你的工作，对于工作中出现的问题能敢于承担。这是保证你的任务能够有效完成的基本条件。

对于企业来说，正是因为有了责任感，员工才能尽职地做好各项工作，才能保证企业的发展，提高企业的凝聚力和竞争力。可以说，员工没有责任感，企业就不能成为一个企业，员工的责任感在很大程度上能够决定一个企业的命运。而员工责任感的匮乏，也往往会成为一个企业运营不善的直接原因。因此说，任何一个老板都很注重员工的责任感。只有那些勇于担当责任的员工，才可能被赋予更多的使命，在企业中担当重任，也才有资格获得更多的报酬和更大的荣誉。一个人的职位越高，权力越大，他所肩负的责任也就越重。

工作本身就是一种责任。只要你进入一个企业，为企业工作，你就应该担负起这份责任，并且要时刻充满责任感，时刻拥有责任意识会让你的表现更加卓越。因此说，一个人责任感的高低，决定了他工作绩效的高低。世界上成功的企业家、CEO 性格迥异，能力的侧重点也各有不同，但他们成功的一个共同点都是：强烈的责任心，以及与之相伴而行的完美的执行力。

如果你的上司因为你的工作差劲批评你的时候，你不妨首先问问自己，是否为这份工作付出了很多，是不是一直以高度的责任感来对待这份工作？一个真正履行了自己职责的人是不会给自己的工作交出一份白卷的。

英国海军统帅纳尔逊，1770年参加海军。二十一岁升为上尉。1794年在一次海战中失去右眼，1796年晋升为分舰队司令，次年获得海军少将衔。在一次战役中丧失右臂，复员返乡。1800年重返军队时晋升为海军中将。1805年10月21日在西班牙特拉法尔加角海战中，大败法西联合舰队，最终挫败拿破仑入侵英国的计划，他也在作战中阵亡。在死亡之前，他最后的话是“感谢上帝，我履行了我的职责。”

很多人只想从工作中或社会上获得什么东西，却很少主动付出什么，但是，不付出又怎么会有收获呢？在这个世界上，没有不需要承担责任的工作，也没有不需要完成任务的岗位。一个人的工作态度折射着他的人生态度，而人生态度决定了一个人一生的成就。一个对工作负责的人，无论从事何种职业，都会拥有强烈的责任感，并在工作中表现出忠于职守、认真负责的精神，这样的员工才是老板真正要找的员工。

一个人承担的责任越多越大，证明他的价值就越大。所以，应该为你所承担的一切感到自豪。证明自己最好的方式就是去承担责任，如果你能担当起来，那么祝贺你，因为你不仅向自己证明了自己存在的价值，你还向社会证明你能行，你很出色。

责任的核心是责任心，而责任心永远都是职场成功的伴侣，一个人的责任心和责任感有多强，工作就有多出色。任何时候，人们都喜欢勇于负责的人。哪怕一个普通的员工，只要他具备了勇于负责的精神之后，他的能力就能够得到充分的发挥，他的潜力便能够不断地得到挖掘。在为企业创造出巨大效益的同时，也给自己的事业发展创造了更多的机会和可能。

◎ 一根烟头夺走54条生命

什么样的意识能让人表现得更加卓越？答案就是责任的意识。一个心中充满着强烈责任意识的人，常说的一句话就是："这是我该负的责任。"因为这种强烈的责任意识，与之相伴的往往是完美的执行能力。

没有人可以不承担任何责任地度过一生。无论你是普通人，还是一国的领袖，都有自己应负的责任。人大多数的时间都是在工作中度过的，有了工作就有岗位，有了岗位就产生了一定的责任。承担的责任越重，创造出来的价值也就越大。逃避责任，害怕承担起责任的人，不会因躲过了责任而获益，反而会丧失许多发展的机会，生活也会变得暗淡无光。

工作中，妄图将自己应负的责任推卸掉或不顾自己责任的人们，终有一天会害人害己。从个人的层面上讲，他们的道德品质是不完善的；从对一个团队、一个国家的影响来看，他们这种心理和作风危害极大。有的不仅断送了自己的前程，甚至毁了别人的幸福。

2004年2月15日，吉林市中百商厦发生特大火灾，造成了54人死亡、70人受伤，直接经济损失四百余万元。然而，这么一起严重的事故，其直接原因竟然只是一个烟头：一位员工到仓库内放包装箱时，不慎将吸剩下的烟头掉落在地上，随意踩了两脚，在并未确认烟头已被踩灭的情况下匆匆离开了。当日11时左右，烟头将仓库内物品引燃。

恰恰这时，中百商厦保卫科的工作人员违反单位规章制度，擅自离开值班室，未对消防监控室监控，没能及时发现起火并报警，延误了抢险时机。当他们得知火情后，又违反消防安全管理的有关规定和本单位制定的灭火和应急疏散方案中的规定，未能及时有效组织群众疏散，致使造成特别严重的后果。

一个烟头，54条人命。事情就是这么简单，简单得令人难以承受。事后，虽然政府对这起特大火灾的处理已落下了帷幕，然而火灾刻在人们心中的印记、给社会留下的思考却远未结束。表面看来，是一个小小烟头引起的惨剧，但寻其根源，夺去这54条人命的，不是现实中忽明忽暗的烟头，而是工作人员对责任和职守的疏忽——另一个深藏在人们心中的更为可怕的“烟头”。

在这次事件中，那位丢弃烟头的员工何尝想将中百商厦这座大楼变为废墟，又何尝想使54个生灵瞬间消失，可是他应该想到却没有想到的是，他的一个小小的举动，确实把他人的生命和财产推到了危险的边缘，进而酿成了惨祸。保卫科员工何尝想到自己工作中的疏忽大意为火灾埋下了如此之深的隐患，而这样的隐患竟将54条鲜活的生命引向了不归之路，使四百余万元财产付之一炬？可是这些人应该想到却没有想到的是，正是他们的不负责任、漫不经心的举动，把那些鲜活的生命推向了死亡的深渊，致使一切无法挽回。

责任重如泰山，不是一句简简单单的口号，它是要我们落实到行动上的。要想成就一番事业，不一定要惊天动地，只要我们都有着强烈的责任感，以及敢于担负起责任的勇气，把工作的每一件平凡小事都做好、做精、做到位，同样可以创造不一般的价值。

每项工作都有它存在的价值，都值得从事其工作的人们去重视，面对各自的责任不要推卸，也不要敷衍了事。在失去责任的状态下，不仅会给你自己和公司带来损害，还会给你所服务的对象带来不便甚至是伤害。可见，工作不只是为自己和公司做事，也关系着他人的利益。为了短期利益而忽视了服务对象的利益是没有责任感的表现，也是人品缺失的体现。之所以会有人因为工作用心而受到大家的尊敬和爱戴，皆源于他的工作不仅做到了位，而且更考虑到了他人的感受与安全。

坚守住自己的岗位，像爱护生命那样热爱自己的工作，愿意为它负100%的责任。不论是什么样的原因，不论在什么样的场合，都要把自己应承担全部责任主动履行到位。

◎ 责任多一点，贡献大一点

罗素曾经说过："爱和智慧是人们走向幸福的两种最重要的力量。一切能力、技能都是中性的，它们必须建立在一颗爱、善良和负责任的心灵上，才能给世界带来益处。"由此我们可以得出这样的结论：一个人的能力越大，承担的责任越多，他对社会的贡献也就越大。

但凡一个人具有非同寻常的能力，这个社会对他的期望和要求也会高于常人。在人们眼里，他有责任、有义务、有能力去帮助这个社会，他应该用自己的知识和技能为这个社会作出更多的贡献，比如一个大学生和一个只有初中文化的人相比，人们对他们的要求显然是不一样的。身为一个大学生，社会对他培养和付出的较多，他的能力按常理来说也比一个初中生要强得多，那么他就理应在学业结束之后为社会承担起更多的责任，贡献出更多的力量。那些成功人士之所以肩负着更重大的责任，就是因为他们有能力为社会多作贡献。他们做到了，而社会也将会给予他们更多的回报。

同样，我们在工作中唯有尽可能地多负一点儿责任，为公司多尽一点儿力，多作出一些业绩，我们才能得到比自己期望的要多得多的东西。你承担了职责范围之外的责任，你就等于为公司多作了贡献，公司自然不会亏待你，而你在业内的信誉度更是一种潜在的无形资产，会为你带来意想不到的收获。所以，如果你想在工作中取得成就，就不应拘泥于本职工作的狭小圈子，而应迈开步伐，一脚踏进责任的河流。相信你涉足的越多，作出的贡献越大，你离成功也就会越近。

曹师傅是一家工厂的技术工人，他在自己的岗位上兢兢业业地工作了六年，受到同事和厂领导的好评。如今，因发展需要工厂从国外引进了五台工业用的大车，厂领导决定由曹师傅负责这五台大车的技术维护工作。

然而，还不到半年，这五台由公司花费巨额资金购进的大车就突然坏了，怎么都发动不了。曹师傅带领技术组到车上查找原因，同时联系了生产该车的国外厂家的技术人员。经过一番检修，外国技术专家认定故障是由工人操作不当引起的,他们不负责维修。但曹师傅却认为，工人完全是按照说明书进行操作的，并没有不当之处。

双方争执不下，这让工厂的领导犯了难：如果承认是工人操作不当引起的故障，那么厂家就不负责保修，两百多万元的维修费用得自己掏腰包。而如果不承认，本厂的技术人员不精通这方面的技术，又提不出有力的证据。

就在厂领导决定咬牙承担这笔巨额维修费用时，曹师傅却坚决不同意，他主动向厂领导请缨，声言一定要把问题查个水落石出。于是，他带领技术人员在车上一待就是几天，用各种检测工具从头开始一点一点地检测每一个数据。

工夫不负有心人，到了第四天早上，曹师傅带领技术人员终于在一组数据中发现了问题，足以证明这五台车在生产设计时就存在着严重的问题。他把这组数据放在外国技术专家面前，使得他们哑口无言。最后，外国厂家不得不承认是自己设计上的疏忽，才导致了这五台车的故障，他们表示愿意承担全部维修费用。

曹师傅的举动使工厂避免了很大损失，厂领导不禁对他刮目相看，当即决定提升他为工厂的技术总监。而曹师傅的事迹也在业界广为流传，很多技术工人都以他为榜样，还经常有人慕名前来向他请教各种技术上的问题。

正是因为有着以公司为家、对公司高度忠诚和负责任的精神，才让曹师傅在领导已经做好准备自掏腰包承担损失之际，主动站出来维护公司的利益，从而为公司节约了巨额资金，作出了重大的贡献。而对他来说，职位的提升则是水到渠成的事。

有很多员工认为，在工作中多一事不如少一事，反正无碍大局，又不是自己分内的事情，没有必要去承担那么多的责任。他们不曾想过，自己是公司的一分子，公司的事就是自己的事，无论公司发生了什么样的情况，你都不可能置身事外，摆脱干系，你都有一份责任存在。如果企业不幸走向衰败，你更不会从中捞到什么好处，相反，一旦丢了饭碗，生活的一系列问题就会接踵而来。

捷克作家米兰·昆德拉在他的《不能承受的生命之轻》中说过："一旦用责任来规定生命，灵魂便不再脆弱，必然也不会残忍。"而在现实中，一旦用责任来定义我们的工作，我们的心灵就能够远离怠惰和颓废的侵蚀。我们就能告别懈怠责任、漠视生命所带来的"生命不能承受之轻"，我们的才能就不会荒废，我们的职业生涯就会充实而富有意义，我们将愿意用尽毕生的精力，为企业、为社会多作贡献。

二、大责大成，你的事业来源于责任心

◎ 事业心的核心就是责任心

一个人成就的大小是与他的责任心成正比的。如果你想要获得成功，就必须具有强烈的事业心，而事业心的核心部分就是责任心。英国前首相丘吉尔说：“伟大的代价是责任。”作为一名员工，你所承担的责任越大，证明你对公司的价值越大，那么你就会在公司赢得更多的资源和平台，所取得的成就当然也非一般人可比。

无论做什么工作，你都需要具备与之相匹配的责任心。当做好了眼前的工作，你的能力也得到了相应的锻炼，你的视野也变得更加开阔，那么对于接下来更大的挑战，因为有了足够的积累，你也就比较容易把握分寸了，足以为你的事业成功增添筹码。

在很多人眼里，卫红的运气似乎特别好。她长相一般，所学的专业与公司所属的行业完全不相干，而论能力她好像也不是顶优秀，但在进入公司后短短两年的时间里，她在每一个位置上都做得有声有色，由此而获得了一个个提升的机会。

刚进入营销部工作时，由于卫红是部门里最吃苦耐劳、最能承担责任的一个，她赢得了不少与客户合作的机会，进步得也很快。半年后，她凭借几份扎实的调查分析报告为自己赢得了一片掌声。一年后，她便成为营销部举足轻重的人物。

荣升营销部副经理不久，老板就问她愿不愿意接受挑战，去情况并不乐观的北方分公司担任副总经理。卫红一口答应了。

来到北方分公司，卫红选择了库存积压最厉害的第一销售处，着手开始了她的工作。在寒风凛冽的冬天，她一个人借了一辆自行车，找到代理公司产品的代理商，了解产品滞销的原因，以期寻找突破口。

在随后的几个月里，由于卫红的不断努力，情况开始明显出现好转，员工们的工作热情也被充分调动起来。半年后，第一销售处不仅解决了库存积压的问题，而且成为北方分公司的销售亚军。就在这时，卫红也得到了升迁，成为北方分公司的总经理。

谈到成功，卫红深有感触。她说："有了责任才能成功。一个人能有多大的事业，往往取决于他有多大的责任心。如果说事业舞台是一个圆的话，那么责任心便是这个圆的半径。每个员工只有从心底真正地对工作负起责任，才有可能得到更多的机会与平台，进而走向成功。"

卫红通过承担更多、更大的责任，一步步走向了自己事业的顶峰。现实中，一个有责任感的人会给别人一种信任感，会吸引更多的人与他合作。而实际上，无论在什么样的场合，每个人都在不同层面分别承担着责任人与合作者的双重角色。如果我们意识到并承担了这样的双重角色，我们工作的积极性和效率就会发挥到最佳状态，并且会在这个过程中吸引更多的合作者，取得更大的成功。

作为员工，你应该经常自问："我还能为公司承担什么责任？"而不是因循守旧地重复着毫无挑战性的工作。你要多想想：除了做好手头上的工作外，自己还能为企业做点儿什么。如果你总抱怨老板分派给你太多的工作，那你就大错特错了。实际上你应该感到高兴才对，因为承担更多的责任，意味着老板给予了你更多的信任和器重，代表你在老板心目中有着较高的地位。试想一下，如果你的工作总达不到老板的要求，他还会不断地把任务交给你去完成吗？

或许你觉得一个人担负的责任愈大，付出的也比别人愈多，因而在责任面前选择了逃避。在上班时间内，你不能将心思好好地用在工作上，下班以后更是连想都不会想一下工作上的事情。在你看来，人活着不仅要工作，更要享受生活，这看起来确实也有一定的道理，但可以预见到这样下去是不会取得多大成就的，耽于享乐到头来只会让自己一生平庸。

或许还有很多人羡慕老板拥有一份自己的事业，在人前过着风光无限的日子。但要知道，在老板耀眼的光环背后，担负着一份沉重的责任。如果想保持企业良好的发展势头，老板一定要想尽办法做好各种战略规划，又有谁知道做老板有多么的不容易呢？如果你想要获得像老板一样的成就和地位，那么就先承担起老板肩上的这份责任吧！

只有敢于承担责任才能使自己不断得到提高，获得同事和领导的认可。因此，你要以你所承担的责任为荣，相信唯有承担起比别人更重大的责任，才能取得比别人更耀眼的成功，而在企业里，你才会成为一个顶梁柱。

◎ 对工作负责，对你的未来负责

没有责任感的员工不会是一个好员工，这是因为，责任感是驱动一个人前进的内在动力，是一个人取得成功的前提条件。在任何时候，责任感对个人、对国家、对社会都是不可或缺的，而作为一名员工，只有以强大的责任感来严格要求自己，才能在工作中不断地取得进步。

事实上，任何一项工作都蕴含着无限的成长机会，只要你肯对工作负责，认真努力地去做，你就能够在工作中迅速地成长起来。俗话说，有付出就会有收获，当你从一个初出茅庐的新手成长为一个熟练、高效的员工时，就已经从工作中获益良多。而在这一过程中，基于对工作的责任感，你就会自觉地学习新知识、新技能以及新经验，不断提升个人能力，好让自己无论在面对多么复杂与困难的局面和形势时都能将任务圆满完成。由此可见，责任感正是我们在工作中取得进步的原动力。

当我们积极地对工作负起责任时，我们就会从中学到更多的知识、积累更多的经验，并且能够从工作的过程中体会到无穷的乐趣。相反，如果我们不培养自己的责任心，让“不好好工作”成为了一种习惯，其结果就不只是给老板带来一点点的经济损失，最重要的是还将毁掉自己的一生。由此看来，即使我们在工作中已取得了一些成就，也不应满足于现状，放弃进取的姿态和拼搏的信念，而要不断进行学习，在工作中树立一个又一个明确的目标，坚定不移地走下去，让自己取得新的突破。

杨大海曾经是一家大型企业的营销总监，但他刚进公司那会儿，也不过是一名普通的业务员。由于他拼命工作，取得了非常突出的业绩，因此深得老板的赏识，在不到两年的时间里，便将他提拔为公司主管销售工作的营销总监。

坐上营销总监的位置后，杨大海的生活品质得到了超乎他想象的提升：有丰厚的薪水可拿，开着公司配备的专车，住着公司购买的豪宅，生活极其奢华。面对拥有的一切，杨大海感到非常满意。随着对外的应酬越来越多，他也把更多精力花在了享乐上，对工作的热情已一落千丈。

当朋友问到他的生活目标时，他回答说现在已经达到自己所期望的顶点了，没有必要再去做什么，人要学会知足常乐。杨大海认为，公司的总经理是总裁的侄子，自己要坐上这个位置是不可能的，能保住目前的职位就已经心满意足了。

这样过了差不多一年的时间，那位朋友看到他没有做出什么值得一提的成绩，便善意地提醒他说：“你要上进一步了，在公司干，没有成绩是危险的！”而杨大海竟然说：“放心吧，我是公司的功臣，老板不会把我怎么样的。”

的确，公司有很多工作都离不开杨大海，但他对工作不负责任的表现还是惹恼了老板。终于在一天早晨，当杨大海驾着车像往常一样来到公司时，优越感十足的他迈着方步踱进办公室，第一眼看到的就是一份解聘通知书。这下子，丰厚的薪水没了，车子、房子统统还给了公司，摆在他面前的两条路是：要么再回到公司普通营销员的位置，要么离开公司另谋高就。此时的杨大海真是追悔莫及。

杨大海在工作中取得了一点成绩便不思进取，丧失了对工作的责任感，最终断送了自己的大好前程。现实中，大多数人由于没有意识到工作是为了自己、对工作负责就是对自己负责的道理，他们把工作看成是一份赚钱养家的职业，觉得干多干少、干好干坏没有多大区别，只要保住眼前的工作就可以了，而并没有站在事业的高度来对待眼前的工作，从而导致他们不思进取，无法取得应有的成就。

用对待事业的态度来对待眼前的工作，并把工作当成是使命，你就能发掘出自身特有的潜质，把工作做到完美。在完成使命的过程中，你会从中感受到工作真正的价值和意义，与此同时，工作也会真正变成你的一项事业。因此，不妨把工作当成上天赐予你的头等舱船票，趁现在还没有下船，好好享受在工作中进取的乐趣吧！要知道，对眼前的工作负责，就是对自己的未来负责。

现实中，每个人的能力和智慧都是在工作中不断努力获得提升的，无论你处在什么样的岗位上，都应该认真负责，用强烈的责任感鞭策自己不断进步。毕竟生命是一个不断前进的过程，唯有在工作中积极进取，你才不会在生命的哪个阶段留下遗憾。

◎ 勇于负责，让自己更优秀

如果说，智慧和勤奋像金子一样珍贵的话，那么，还有一种东西则更为珍贵，那就是勇于负责的精神。有一位伟人曾说：“人生所有的履历都必须排在勇于负责的精神之后。”

因为，如果我们不能对自己过去的行为负责，我们就不可能对自己未来的行为负责。对自己曾做过的事情，我们应该做的只有承担，而不是寻找借口逃避。很多时候，勇于承担责任，错误不仅不会成为我们发展的障碍，反而会成为我们前进的推进器，促使我们不断地、更快地成长。

20世纪末，在美国得州瓦柯镇的一个异端宗教的大本营内，发生了邪教徒集体自杀的事件，其中有20多名儿童被其身为邪教徒的父母所毒害。现时，在这次事件中，也有10名正在查案的联邦调查局的探员遭到杀害。因为这次事件，美国司法部部长珍纳·李诺在众议院里，遭到许多议员的愤怒指责，他们认为她应该为这起惨剧负责。

面对千夫所指，珍纳痛心地说："我从没有把孩子的死亡合理化。各位议员，这件事带给我的感受远比你们想像的要强烈得多。的确，那些孩子和探员的死，我都难辞其咎。不过，最重要的是，各位议员，我不愿意加入互相指责的行列。"很明显，她愿意负起所有责任。珍纳接受谴责，并一人独负责任，使众议员为之折服，大众传媒也深受其感动而对她大加赞扬。

另外，因为她一人担起所有的骂名，没有推卸责任，使本来会给政府带来灾难性后果的指责声音减弱了。一些本来对政府打击邪教政策抱有怀疑态度的民众，也转变观念，开始支持起政府的工作了。

珍纳·李诺的勇于承担使自己赢得了竞争对手的支持，有效地缓解了危机，加速了问题的解决。勇于承担责任，能够加强组织的团结，保证工作顺利进行，同时，它也是成就一个人事业的可贵品质。

列宁说过："认错是改正的一半。"那么另一半是什么呢？另一半就是采取一切可能的措施去弥补自己的过错，这不仅可以将你为错误付出的代价最小化，还可以让老板更进一步了解你的能力和潜在价值。

一次，约翰和戴维负责把一件大宗邮件送到码头。这个邮件很贵重，是一个古董，上司反复叮嘱他们要小心。

没想到，送货车开到半路却坏了。戴维说："怎么办？你出门之前怎么不把车检查一下，如果不按规定时间送到，我们要被扣奖金的。"

约翰说：“我的力气大，我背过去吧，反正离码头也没多远了。而且这条路上车特别少，等车修好，船可能就开走了。”“那好，你背吧，你比我强壮。”戴维说。

约翰背起邮件，一路小跑，终于按规定时间到达了码头。这时，戴维说：“我来背吧，你去叫货主。”他心里暗想，如果客户能把这件事告诉老板，说不定还会给我加薪呢。没想到，他想得出了神，约翰递给他邮件时，他却没接住，古董掉在地上，“哗啦”一声摔碎了。

“你怎么搞的，我没接你就放手？”戴维大喊。“你明明伸出手了，我递给你，是你没接住。”约翰辩解道。

两人都知道，古董打碎意味着什么。工作没了不说，可能还要背上沉重的债务。果然，老板对他俩进行严厉的批评。

趁着约翰不注意，戴维偷偷来到老板的办公室对老板说：“老板，不是我的错，是约翰不小心弄坏的。”老板平静地说：“好，戴维，我知道了。”

随后，老板把约翰叫到办公室，问他：“约翰，到底怎么回事？”约翰就把事情的原委告诉了老板，最后约翰说：“这件事情是我们的失职，我愿意承担责任。另外，戴维的家境不太好，如果可能的话，我来承担他的责任。我一定会弥补我们的损失的。”

约翰和戴维一直在等待处理结果，但很出乎他俩的意料。老板把他俩叫进办公室，对他们说：“公司一直对你们很器重，想从你们中间选一人担任客户部经理，没想到出了这件事，不过也好，这让我更清楚哪一个人是合适的人选。”戴维不禁暗喜：“一定是我了！”

“我们决定请约翰来担任。因为，一个能够勇于承担责任的人是值得信任的。约翰，用你赚的钱来偿还客户。戴维，你自己想办法偿还，对了，明天不用来上班了。”“老板，为什么？”戴维很不明白。

“其实，古董的主人已经看见你俩在递接古董时的动作，他跟我说了事实。还有，我也看到了问题出现后你们的反应。”老板最后说。

任何人都不可能做到完美无缺，偶尔的疏忽也是可以理解的。但是，如何对待已经出现的问题，从中可以看出一个人是否勇于承担责任。一个真正有责任感的员工不会为自己的失职寻找借口，推脱自己的责任，他们深知，“责任到此，不能再推”。

任何一家企业都希望把工作交给真正富有责任心的人，因为任何一个老板都清楚，能够勇于承担责任的员工、能够真正负责任的员工对于企业的意义。

因此，当一个人想要实现自己内心的梦想，下定决心改变自己的生活境况和人生境遇时，首先要改变的是自己的思想和认识。要学会从责任的角度入手，对自己所从事的事业保持一个清醒的认识，努力培养自己勇于负责的精神，因为这才是成功的最佳方法。

人们都喜欢具有勇于负责精神的人。一个普通的员工，一旦具备了勇于负责的精神之后，他就能得到老板、同事、客户的信赖和支持，他的能力就能够得到充分的发挥，他的潜力便能够不断地得到挖掘，因而为公司创造出巨大的效益。同时，也让他本人的事业不断向前发展。

◎ 轻视工作只会让人一无所获

现实中，有不少的人抱怨自己的工作卑微，低人一等，自己干的工作仅是迫于生活压力不得已而为之的事情。他们看不起自己的工作，所以倍感工作艰辛、烦闷、没有激情。他们在工作中敷衍了事、得过且过、没有上进心，也无法全身心投入工作。因为他们的眼睛总是紧盯在高薪与职位上，并将大部分心思用在如何摆脱现在的工作环境上。这其实是非常危险的。

莱伯特曾对此提出警告：“如果人们只追求高薪与政府部门的职位，是非常危险的，它说明这个民族的独立精神已经枯竭；或者说得更严重些，一个国家的国民如果只是苦心孤诣地追求这些职位，会使整个民族奴隶一般地生活。”世上没有卑微的工作，只有卑微的工作态度，而工作态度完全取决于我们自己。

如果一个人轻视自己的工作，把它看成低贱的事情，那么他也绝不会尊重他自己。因为对工作的轻视，他必然不会投入更多的激情、精力，对工作表现的也必然是被动、消极，这样，必然不能看到工作中所蕴含的更多机会、更多权益以及更多的快乐，工作最后带给他的也只是无可奈何、不可避免的劳碌和苦闷而已。这样的人在什么地方都不会有所成就。

著名的管理咨询专家蒙迪·斯泰尔在《洛杉矶时报》所撰写的专栏中曾经说道："每个人都被赋予了工作的权利，一个人对待工作的态度决定了这个人对待生命的态度，工作是人的天职，是人类共同拥有和崇尚的一种精神。当我们把工作当成一项使命时，就能从中学到更多的知识，积累更多的经验，就能从全身心投入工作的过程中找到快乐，实现人生的价值。这种工作态度也许不会有立竿见影的效果，但可以肯定的是，当‘轻视工作’成为一种习惯时，其结果可想而知。工作上的日渐平庸虽然表面上看起来只是损失了一些金钱和时间，但是对你的人生将留下无法挽回的遗憾。"

奎尔是一家汽车修理厂的修理工，从进厂的第一天起，他就开始喋喋不休地抱怨：修理这活太脏了，没本事的人才干这样的活，一天到晚累个半死，浑身上下没一处干净地方，真是丢死人了。

如此，奎尔每天都在这种抱怨和不满的心情中度过。他认为自己的工作是一份很低等的工作，只是日复一日地在为一点可怜的工资出卖苦力。因此，他便慢慢地开始消极怠工，当同他一起进厂的同事将眼光盯着师傅手上的“活”时，他却窥视着师傅的眼神和举动，稍有空隙便耍滑偷懒，应付手中的工作。

几年过去了，当时同他一起进厂的三个工友，各自凭着自己的技能和工作的劲头，或升职做了他的上司，或另谋高就有了自己的事业，或被公司送进大学进修，只有他，仍旧在抱怨声中，做着他自己蔑视的修理工。

在我们身边，像奎尔这样的人并不少见，他们轻视自己的工作，不将工作看成是创造人生事业的必由之路和发展人格的助力，而是把其视作衣食住行的供给工具，认为工作是生活的代价，是无可奈何、不可避免的劳碌。这样的错误观念将他们的人生和事业都定格在一种永远被动的生活方式里，只能平平庸庸地过一辈子。

因此，在公司中，无论你是什么身份，是上层领导，还是普通员工，都要看重自己所从事的工作，如果你认为自己的劳动是卑贱的，从而否定自己的劳动,那你就犯了一个巨大的错误。罗马演说家普兰特说过："如果所有的手工劳动都是卑贱的，从此，罗马的辉煌历史就结束了。"

要知道，工作是上天赋予每个人的使命，每份工作都是因为需要而存在的，都有它存在的意义，其本身并没有贵贱之分，但是对于工作的态度却有高低之别。看一个人是否能做好事情，只要看他对待工作的态度就知道了。所有正当合法的职业都是值得尊敬的，没有人会否认或贬低你的价值，除非你自己。那些只知道要求高薪，却不知道自己应承担的责任的人，无论对自己，还是对他人，都是没有价值的。

工作没有贵贱之分，任何工作都值得你为之付出努力。一个对工作有着崇高的认识、并为工作付出努力的人值得他人尊敬，他可以把平凡的工作做成伟大。如果一个人厌恶自己的工作，那么他将永远没有成功之日。那么影响他的因素是什么呢？不是天赋，不是智商，不是学历，也不是经验，而是这个人对工作所持有的态度。

美国著名的希尔顿饭店有位保洁员，他在这家饭店工作了将近20年，一直在洗手间做保洁工作。洗手间总是被他打扫得干干净净，他甚至自己花钱在洗手间放了一瓶高级香水，使客人进来都能闻到一股芳香的味道。客人们对他的服务交口称赞，甚至冲着他的服务而专门住进这家饭店。他的朋友们都替他惋惜,劝他换份工作。他却骄傲地说："我为什么要换工作呢？我的工作就是最好的，看到客人们对我的工作表示赞扬，这就是我最大的幸福了，我又何必换工作呢？”

竭尽全力，把自己的工作做到最好的人，都拥有积极主动的精神，即使在最平凡的岗位上，他们也能增加自己的威望，并赢得人们的尊重。他们总是对自己的工作充满激情，并从工作中得到许多乐趣，他们的人生也因此而富有意义。

那些看不起自己工作的人，总是不停地抱怨和推诿，面对挑战总是找出一大堆借口，他们不愿意付出辛勤的劳动，不能主动适应工作环境，他们不愿意奋力崛起，努力改善自己的生存环境，而仅仅把自己的一生押在一份所谓的好工作上，并把自己的大部分的心思放在如何摆脱现在的工作环境上。这种对工作心存厌恶的人，最后必然一无所获，只会被工作所抛弃。

◎ 责任是压力，更是动力

在这个世界上，每个人的角色定位都不一样，每一种角色都承担了不同的责任。作为一名员工，你在公司处于什么样的位置，就承担了什么样的责任。而不管你承担的责任是大是小，既然是公司的一员，就说明你被公司需要，你就应该肩负起自己的职责。俗话说：“责任重于泰山。”一份责任就是一股无形的压力，时刻让你警醒，鞭策你向前迈出积极稳妥的每一步。

一些人错误地认为，不管什么样的责任，选择承担会让自己活得很累。他们对责任畏之如虎，在工作中拈轻怕重，一遇到需要他们承担稍微困难一点的工作时，就推三阻四，找各种理由推托。在他们的眼中只看到了困难，而看不到解决问题的方法；只看到别人在职场平步青云，却看不到自己职位晋升的死结所在。

每个老板都很清楚自己需要什么样的员工，哪怕你只是一名不起眼的普通员工，你的责任依旧重大，只要你担当起了自己的责任，你就是老板最需要的员工。而在责任面前选择担当，会让你拥有更为积极的心态，促使你去主动解决问题。因为责任感就是我们战胜工作中诸多困难最强大的精神力量，它能把我们自身潜藏已久的力量激发出来，使我们有勇气排除万难，甚至可以把“不可能完成”的任务完成得相当出色，让你看到自己原来是这样的强大。

社会学家戴维斯说：“如果你放弃了自己对社会的责任，就意味着放弃了自身在这个社会中更好的生存机会。”因此，任何时候我们都不能放弃自己所肩负的责任，放弃责任就等于放弃了自我。一个缺乏责任感的员工，首先会失去老板对他的基本认可，再者会失去别人对他的信任和尊重。现实中，只有那些敢于承担责任的人，才有可能被赋予更多的使命，才有资格获得更多的荣誉。

承担责任就是一种荣耀。从某种程度上来说，因为老板看重你，才会对你施压，让你肩负起更多的责任，为公司发展做出更大的贡献。而对于一个有抱负的职员来说，追求的目标越高，对自己的要求越严，他的能力就发展得越快。如果你想把看不见的梦想变成看得见的事实，就要在工作中做到兢兢业业。当你扩大了自己的责任圈，不断地给自己施压时，就会有更多成功的机会。

索尼公司对东京帝国大学的毕业生十分青睐，当时才华横溢的大贺典雄刚刚大学毕业，即顺利进入索尼公司工作。

进入公司后，大贺典雄经常因为工作上的问题与索尼公司的创始人盛田昭夫发生争论。大贺典雄直言不讳地向盛田昭夫指出工作中存在的各种问题，由于他的观点独特、才思敏捷，很快便引起了盛田昭夫的注意，从而对他刮目相看。在同事眼中，大贺典雄无疑是一个幸运儿，纷纷感叹其事业发展之顺利。

然而，就在大贺典雄工作得心应手之际，盛田昭夫竟然安排他到生产一线，在一名普通工人手下做学徒。这样一来，工作的苦累不用说，大贺典雄也少有施展个人才华的机会。公司很多人都认为是他得罪了盛田昭夫，都为他的遭遇鸣不平，但是大贺典雄却并没有说什么。在当学徒工期间，凡是他的工作，他都认真完成，毫不懈怠，同事们不禁对他如此地忍耐感到十分不解。

一年过去了，没想到还是学徒工的大贺典雄一下子被提拔为公司的专业产品经理。这又让公司里的人大吃一惊，对此更为不解。后来盛田昭夫解释说："只有对产品绝对清楚的员工，才有可能成为专业产品总经理。我将大贺典雄放在基层岗位上，的确是给了他一定的心理压力，但是他在这样一个卑微和又脏又累的工作环境下，却能如此心平气和，不提拔他还提拔谁呢？"

盛田昭夫正是因为看重大贺典雄的才华，才有意给他施压，让他在成为专业产品经理之前先做学徒工，好让他对公司产品了然于胸的。盛田昭夫此举可谓用心良苦，而大贺典雄也没有辜负他的期望，在艰苦的环境下勇敢承担起了自己的职责，最终成为盛田昭夫身边深受器重的一员得力干将。

当工作中出现强大的压力时，有的人在心理上无法承受，表现得手足无措、唯唯诺诺，想要极力逃避和退缩。由于他们害怕失败，害怕给老板留下不好的印象而影响自己的职业前途，于是遇到问题不是在第一时间寻找解决的办法，而是尽可能地找各种理由推托。事实上，在工作中真正给你造成负担的，不是堆积如山的工作，不是看似难以解决的各种棘手的问题，而是你天性中的懒惰。如果这种状况长期延续下去，你的思想就会趋于僵化，走向保守。

一位著名的企业家说："当我们的公司遭遇到前所未有的危机时，我突然不知道什么叫害怕了，我知道必须依靠我的智慧和勇气去战胜它，因为在我身后还有那么多人，可能就因为我，他们从此倒下。我不能让他们倒下，这是我的责任，因此我在最艰难的时候，才变得异常勇敢。当我们走出困境的时候，我对自己的勇敢难以置信，我会这么勇敢吗？是的，那一次遭遇让我真正明白了，唯有责任，才会让你超越自身的懦弱，真正勇敢起来。”

对于一个负责任的人来说，内心强大的责任感会促使他将压力转化为动力，这种积极的力量会让他保持一种积极乐观的心态，激励他攻克一道又一道的难关。因此，当面对责任时，不需要逃避，勇敢地迎上去，你就会成为生命的强者。一旦我们选择了对工作负责、对自己负责，我们便开始对外部世界产生一种有利的、积极的影响，任何恶劣的环境都将会在我们的努力下得到改善，任何外力的阻挠都将会在责任的延伸中自然而然得到解决。

压力和动力是一种对立统一的关系，而责任就是这样的一柄双刃剑，它既是压力，也是动力。对于员工来说，责任心就是我们完成任务的保证，是它让我们在高难度的任务面前不退缩，让我们不再把“绝对不能失败”当做一件压得自己喘不过气来的包袱。在责任意识的驱使下，压力已经转化为了一股强大的动力，让我们克服自身的恐惧和怠惰心理，在工作中一往无前。

◎ 责任里隐藏着更多机遇

在公司这个大家庭中，虽然我们的岗位各异，所做的工作不尽相同，但毫无疑问，我们都应该承担起自己的工作职责，这是我们做人、做事最基本的原则。事实上，在我们为公司的发展尽一份责任的同时，实际上也就等于为自己提供了一个成长和发展的机会。

在工作中，你的责任感越强，承担的责任越多，作出的业绩越大，越能体现出你优秀的才干，你也会因此得到更多除薪水以外的资源财富。任何一家公司的老板都喜欢和信任那些愿意为公司发展多尽责任、多出力的员工，他们也会给予这样的员工更高的职位和更多的使命，让他们在公司有更多的发展机会，也更容易地实现自己的理想和抱负。

2004年，年仅43岁的查理·贝尔出任麦当劳快餐连锁店新总裁，他是麦当劳开创以来的首位澳大利亚老板。在15岁那年，生活没有着落的贝尔不得不进入当地的一家麦当劳店打工，他本打算在这里挣点零用钱，并没想过以后要在这里长期发展。当时他被录用了，工作是打扫厕所。虽然扫厕所的活儿又脏又累，但贝尔没有别的地方可去，于是他就坚持了下来，并且做得十分认真。

由于从小养成了勤劳的习惯，贝尔在麦当劳店也不肯闲着。他常常是扫完厕所又去擦地板，擦完地板又去帮着翻正在烘烤的汉堡包，无论什么事贝尔做起来都很认真负责。他的表现引起了麦当劳打入澳大利亚餐饮市场的奠基人彼得·里奇的注意。彼得·里奇认为贝尔很有发展的潜力，没过多久，他就说服贝尔签了员工培训协议，让他踏上了公司正规职业培训的轨道。

待培训结束后，里奇又刻意把贝尔放在店内的各个岗位上逐一进行锻炼。虽然只是做钟点工，但由于贝尔的悟性出众，没过几年他就掌握了麦当劳店生产、服务、管理等一系列的工作，总算没有辜负里奇的一片苦心。在19岁那年，贝尔被提升为澳大利亚最年轻的麦当劳店面经理。

贝尔还是一名普通雇员的时候，就主动为公司承担更多的职责，使彼得·里奇意识到了他的发展潜力，给了他更多的锻炼机会，后来还将他提拔为了麦当劳的店面经理。而贝尔更是通过自己的努力，最终成为麦当劳店澳大利亚区最年轻的总裁。这一切都是他不懈奋斗和多负责任的结果。只要你心中常存责任感，并将它化为实际行动，你就能作出不寻常的业绩，让自己从众多员工中脱颖而出。

在工作中，你承担的责任越多、越重，你得到提升的机会就越多，这是职场的一大法则，因为责任让你为公司贡献了更多的业绩。因此，我们在工作中一定要勇于负责、勤于负责，主动为自己的工作设定目标，并不断改进工作的方式和方法。这样你的能力就会不断得到提升，你的品格也就会不断被打造完善，当达到了理想的高度时，你的报酬和职位就会一路飚升了。

当工作需要你承担责任的时候，你要勇敢地去面对，这样你才有望抓住自身发展的大好机会。一味推卸眼前的责任，不仅会让你失去勇于负责的精神，更会让你的能力逐渐被埋没，让你的潜力被掩埋，你的前途自然不会光明。要知道，如果你是一个负责任的员工，那么问题就不会长久存在于你的面前，羁绊你前进的路程，让失败死死缠绕着你。事实上，方法总比问题多，困难也必能解决，责任感加上智慧和汗水，就没有什么事能难倒你了，机会也就在眼前。

可以说，机会蕴藏于责任之中，责任也就等同于机会，勇于承担责任的人，迟早会有机遇降临到他们的头上。当公司需要实施一个重要的项目，老总明确提议竞争上岗时，只要你把这个责任承担下来，把项目做好了，你就等于抓住了升职和加薪的机会。但如果你缩手缩脚，做起事来前怕狼、后怕虎，那你要么永远窝在公司的底层，要么总有一天被老板请出公司的大门。

现实中，很多人埋怨自己没有机会，他们常把“哪里有机会”“机会在哪里”这句话挂在嘴边，却不注意从身边一点一滴的小事当中去寻找机会，不肯为机会的到来多出一分力，多负一点责任。结果他们白白地错过了机会，却还要在那里怨天尤人，这样的员工无论到哪个企业都不会有什么发展前途。

作为一名员工，我们有责任让产品质量达到更高的标准，有责任让我们的企业走向更成熟、更完善。只要我们能够克服短期雇用的思想，人人都有责任心，与企业同呼吸、共命运，企业就能兴旺。而对于我们来说，多一分责任就会多一分机遇，责任向来与机遇是携手而行的。只要我们承担起责任，作出了业绩，并把握住了隐藏在责任背后的机遇，我们的前途就会无限光明。

三、坚守责任，不抱怨不折腾不怠慢

◎ 提升源于努力，抱怨不如改变

工作中，常有这样一种员工，自认为自己学富五车，才高八斗，却总是生不逢时，得不到老板的赏识和提拔，自己的收入和付出不成比例；他们早上嫌办公室太小，桌子太窄，下午又嫌网页更新太慢，生意难做，钱太难赚等等。好像世界上没有什么能让他们称心如意，不管大事小事，他们都怨天尤人，满腹牢骚。殊不知，恰恰就是因为这样的抱怨和牢骚，一方面，使他们丧失了工作的活力与激情，收回了迈向优秀与卓越的脚步，让自己逐渐归于平庸；另一方面，加薪升职的机会也离他们而去，而他们又多了一个发牢骚的话题。

可是，他们没有想过，如果你只是一粒普普通通的沙子，你没有权力抱怨不被注意，因为，你没有被注意的价值。要想引起注意，要想有自己的立场和声音，你必须真正负起责任来，去为自己争取。只有尽职尽责地工作，努力提升自己的价值，让自己真正变成一颗珍珠，那时，你自然会引起别人的注意。

李铁是一家 IT 公司新来的绩效主管，一进到公司就开始着手准备进行整个公司的年终绩效考核，可他却发现这家公司成立这么久了居然没有一个明确的绩效考核方案。于是，他就找到一些公司的老员工，想了解一下以前的绩效考核是怎么进行的。有人告诉他，以前也制订过几次绩效考核方案，但最后都没有实施下去。甚至还有人说他新官上任三把火，最后也会不了了之的。他找到人力资源部经理大发牢骚：

"这绩效没法考核，连一个成文的考核方案都没有，员工也对此意见很多，让我怎么考？算了，以前怎么样这次还怎么样吧。"

刚好总经理这时也走进人力资源部，于是李铁又开始跟总经理抱怨。总经理听了并没有发火，把他叫到自己的办公室，心平气和的对他说："一味抱怨而不思解决，对于工作将无任何进展。还不如停止抱怨，与同事们共同解决问题。如果什么都和以前一样，我要你这个绩效主管又有什么用呢？"

李铁这才发现，自己因为工作一时的难处只知道抱怨，而忘记了职责，作为绩效主管，只有做出合理的绩效考核方案才能证明自己的实力，不然，只能说明自己也和以前的绩效主管一样是个无能之辈。

于是，李铁和一些员工进行沟通，了解公司以前的绩效考核制度，并在人力资源经理等人的帮助下忙开了，几天后，一个方案制定出来了。他把考核方案交给总经理，总经理看了非常满意，并要他按方案开始执行。因为方案制订时和很多的员工进行了沟通，所以执行得也算顺利，虽然中间遇到了一些问题，但最后都得到了妥善的解决。

当他拿着考核结果去见总经理的时候，总经理和颜悦色地问道："怎么样，现在还想不想发牢骚呢？"李铁深有所悟地笑了起来。

一位伟人曾说："有所作为是生活中的最高境界，而抱怨则是无所作为，是逃避责任，是放弃义务，是自甘沉沦。"有些人在受到不公平待遇或不满现状的情况下往往采取消极对抗的态度，通过发牢骚表达对公司的不满，以期引起上司的注意。殊不知，牢骚和抱怨不仅不能改变现状，还会造成组织内员工间的彼此猜疑，打击团队士气，严重影响团队的工作效率。你成了一个不起作用的人，只会造成公司前进发展的障碍，因此看起来是你正常的心理自卫行为，却只会成为老板的心病。造成的结果只能是你和公司愈来愈疏远，最终被连根拔起。

长期的抱怨还可能会导致一个人对企业失去忠诚，陷入一种无法自拔的低迷情绪中。因为抱怨，一个人可能会抵不住其他机会的诱惑，或者不能承受企业暂时的困境，因此消极对抗或另谋出路。

抱怨还具有传染性，而且让别人感染上此病后却浑然不知。这就会极大地打击整个团队的积极性，造成公司发展的滞后。

虽然抱怨会减轻个人心中的不快和不满，但却不能使人朝着积极的方面发展，一个习惯将抱怨挂在嘴上的人，只会与成功渐行渐远，最终滑向失败的深渊。不论我们遭遇什么样的境况，光是喋喋不休地抱怨不已，都注定于事无补，只会把事情弄得更糟。那些喜欢终日抱怨的人，即使独立创业，也没有办法改变这种恶习，更不会获得成功。

有位企业领导曾一针见血地指出：“抱怨是失败的一个借口，是逃避责任的理由。这样的人没有胸怀，很难担当大任。仔细观察任何一个管理健全的机构，你会发现，没有人会因为喋喋不休的抱怨而获得奖励和提升。这是再自然不过的事了。想像一下，船上水手如果总不停地抱怨：这艘船怎么破，船上的环境怎么差，食物简直难以下咽，以及有一个多么愚蠢的船长。这时，你认为，这名水手的责任心会有多大？对工作会尽职尽责吗？假如你是船长，你是否敢让他担当重任呢？”

在工作中，没有人愿意与抱怨不已的人为伍，也很少有人因为抱怨而获得提拔和奖励。因此说，如果你有时间进行抱怨，还不如把时间用在寻找克服困难、改变环境的方法上，那样你的工作就会越做越好，也会为自己赢得更多的机会。因为，老板真正需要的是员工负起责任，提出建设性的好意见和可供实施的好方案，而不是经常性的抱怨。

没有一项工作是完美的，也没有一项工作会让一个人完全满意，与其抱怨公司和老板，不如改变自己，不如努力地欣赏彼此之间的可取之处，这样一来，你会发现自己的处境大有改善。与其抱怨工作上的不如意，不如通过积极地努力去化解抱怨，既避免了在抱怨上浪费时间，也让自己得到了锻炼，还能享受自己努力的成果。如果碰到一个挑剔的老板，不妨把磨难当作锻炼，也可以挑战一下自己的实力，提高自己的能力。

◎ 借口是职业精神缺失的表现

不可否认，借口思维是人性的一个不良基因，在人类刚开始出现时就已经注入自己的思维当中。经过多少年的传承，到如今借口的踪影无处不在，借口的作用也可谓发挥得淋漓尽致。当我们不想做某事时，随便一个借口就可以把自己身上的责任推个干净，比如说“我很忙”、“我不知道怎么做”、“这不关我的事”等。找借口几乎是每个人身上的顽疾，而在工作当中寻找借口，归根结底，还是一个人职业精神缺失的表现。

那些在工作中经常完不成任务、工作效率极其低下的员工可谓制造借口和托辞的专家。对于他们而言，寻找借口最大的好处，就是可以将属于自己的过失掩饰掉，把本应由自己承担的责任转嫁给其他同事或者外部环境。这样一来，你就不能成为一名称职的员工，你就失去了提升和锻炼自己的机会，无法成为企业期待和信任的一分子。

我们考察一个人的品质，并不需要听到他太多的表白，只需要看他在工作当中的表现就可以了。认真负责不只是对一时一事的要求，而应该成为一个人一生一世的追求。职业精神也不只是光凭嘴上说说而已，更要我们用实际行动来体现。一个人工作的动机有很多，每个人在工作当中取得的成就也各不相同。然而，工作不是体验，更多需要坚守；工作也并不复杂，更多只是重复。这就需要我们有足够的韧性和毅力坚持下去。不要用各种理由搪塞工作上的不如意，抱怨事业上的不成功，其实你缺乏的只不过是一种职业精神。

职业精神就是对责任的一种坚持，不但如此，它还是我们工作的动力和力量的源泉。一个敬业、负责的员工会尽职尽责地完成自己的工作，他常常会以一种令人难以想象的勇气去面对困难，以一种让人惊叹的毅力去支撑着自己。他忠实地履行着自己的使命，保证工作不出纰漏，而不会找任何的借口。

2000年初，王小利报名参加了黑龙江电视台对阎庚华攀登珠穆朗玛峰的追踪采访报道。当时他只是觉得能到珠峰采访是一次很难得的机会，但几天后，新闻部的一些同事集体看了有关珠峰的电视片，画面里咆哮的风雪、艰难前进的攀登者、被风化了的登山者遗体，这些想象不到的画面让王小利陷入了长久的沉默当中，因为看起来直播真是太难了、太危险了。

要知道，从1959年到2000年初，国内已经有五名记者牺牲在了珠峰，而世界上也只有日本NHK电视台曾在珠峰做过直播，但也只是对最后登顶情况进行的直播。这次要对阎庚华只身攀登珠峰进行全程直播，难度可想而知。

但王小利还是排除困难到达了营地。为了多拍一点儿资料，他早晨六点钟第一个就起来了。从扛上摄像机拍摄营地这一刻起，直到上午十一点直播结束，13公斤重的机器一直没有离开他的肩膀。要知道，就是在台里正常采访，连续扛5个小时机器的情况也不多，更何况是刚刚到达海拔5200米这样高的地方。

通过直播，阎庚华的情况和大本营的艰苦尽显银屏。直播结束后，所有的疲劳都被喜悦的泪水冲走。可第二天起床后，王小利就开始流鼻血，还发着低烧。在大本营这样的海拔高度，感冒也能夺走一个人的生命。联络官尼玛次仁说，小利昨天的工作量太大，疲劳过度，情况很危险，必须马上撤到安全的地方。但王小利却坚决要求留下，非要再坚持一天不可。

敬业者的特点就是拒绝找任何借口，对工作永远恪尽职守。在这个事例中，王小利不惧怕任何的困难、不顾生命安危奋斗在新闻直播的第一线，可以说在他内心起着强大作用的，正是那种“以新闻为己任”的职业奉献精神。

现在的社会并不缺少有能力的人，却缺乏既有能力又富有责任感的人才。那些没有责任感的人对待工作拖拉懒散，他们随时都在用借口宽慰自己，这样日子一长，就会丧失进取的决心和勇气，当困难来临时，就变得六神无主了。

如果每个员工都在工作中寻找借口，相互之间推卸责任，不愿意承担后果，那么问题就将永远得不到解决。作为一个敬业、负责的员工，应该抛弃在责任面前精打细算的思想，着眼于全局，而不是只注重本人或者本部门的利益，这样才更有利于整体工作的开展。

无论员工还是企业，只找借口不找方法，即使有再多的创造力也不会取得良好的成绩。在一个负责任的企业背后，也站着一个个负责任的员工，企业的社会责任感对员工职业精神的形成无疑有着促进作用。而作为一名员工，要想获得发展就必须培养自己负责、敬业的精神，这是个人实现梦想、成就事业的关键因素。

◎ 别让能力上的“短板”误了你

现实中，当面对没有完成的工作或没有达成的目标时，一些员工总喜欢从天时、命运等方面来找借口，而从没意识到造成这一切的原因只是自己没有强烈的责任心以及能力上的不足。如果说责任感是一个人成功的支柱，那么能力就是一个人成功的资本。在工作当中，假如一个人的能力跟不上，工作效率就会大打折扣，这时你若是不能正视自身的能力“短板”，各种各样的借口就会有了极好的藏身之地。

要想杜绝借口，首先就要寻找自身的能力缺陷，然后通过不断学习来提高自己。作为一名员工，你不能笨到能力“短板”对自己的工作产生了影响才想要去弥补。每个人都应该有职业危机意识，因为社会是不断发展的，知识、科技日新月异，或许目前还有适合你的职位，但如果稍有懈怠，过段时间你就会被淘汰。因此，要想在职场有所发展，就不能只满足于当前拥有的职业技能，而要时刻留意自己的职业前途，同时结合自己的个性，努力拉长各方面能力上的“短板”。

在职场拼搏有着很重要的一点，就是你必须明白自己的优势在哪里，然后才能做到人尽其才。因为人才也分很多种，有的人具备治国安邦的雄才，如武则天、汉武大帝;有的人具备“运筹帷幄，决胜千里”的韬略，如诸葛亮、张良等。如果你适合搞设计，却做了一份销售产品的工作，那么你就很难取得好的业绩。同样，如果你适合做技术活，却勉强去做一份管理的工作，也将不会取得任何的绩效。

任华从美术学院毕业后，就进入华南科技公司工作。他已经干了好几个年头,也从一名新手成长为公司最优秀的设计师之一。在个性方面，任华是属于比较张扬的那一类型，虽说思维敏捷，却不懂得合作。

一天，一家对手公司拿出设计主管的诱人位置来挖他，任华思虑再三，最后还是向老板递上了辞呈。凭着这么多年对他的了解，老板知道任华一直在追求专业能力被认可的成就感，正是这种成就感一直促使着他不断进步，老板也想留住这样一个优秀的设计师。

“因为我老是升不上去，其实我不仅想做设计，还想做主管。”任华说。

老板的回答直截了当:“我想你必须留下来，而且我不会让你做主管。”老板的语气显得自信而坚定。接下来，老板向他讲述了为何他会成为公司的高级设计师之一以及和他同期进来、之后又跳槽到其他公司做主管的员工因为能力不足又被辞退的事情。

任华也觉得，如果只是换一个领域，在别的公司除了拥有一个主管的位置外，也许并没有什么不同。而这里的管理模式和团队的气氛更吸引他，况且更重要的是，自己也并不适合换到其他的设计领域。

“其实我不是为了留你而留你，我只是觉得你不值得为主管的位置而牺牲自己在专业领域的前途。难道你希望像其他离开的同事那样，跳一次后骤然贬值吗?我觉得你应该是在自己的专业能力提高到无人可以替代的地步才算成功，那样才值得走，而不应该因为想做主管而跳槽，这并不符合你的个性。”

每个人都有适合自己的位置。对于任华来说，他最适合的工作是搞设计，因为他思维敏捷，而不是做主管，因为他不懂得合作，并且个性张扬。从业的路何止千万条，而你一定要拥有“自知之明”，知道自己适合干什么，不适合干什么，在这个基础上再去择业、定岗，自然就会减少因能力缺失而在工作中衍生错误。

著名企业家沈南鹏就是一个清楚地知道自己的优势在哪里的人。他在携程和如家初创时拥有的个人投资持股的比例是最高的，按理他应该做 CEO，而他却从来没有做过。因为他知道自己的理性有余而激情不足，不适合做主管具体运营的 CEO 工作，所以在创办携程时，他只是做总裁兼 CFO，负责公司的决策、融资、收购兼并、上市等资本运作方面的事务。

我们也应该像沈南鹏那样清楚自己的优势所在，合理决定自己的位置，使自己的能力与职位相匹配。与此同时，你还要在目前的岗位上勤于学习，不断提升自己的专业技能，这样才能够实现自身价值和企业常青发展的愿望，你也就不会再为能力不足而找借口了。

◎ 要改掉懒惰和拖延的恶习

懒惰和拖延是一种最危险、最具破坏性的恶习。作为一名员工，任何时候都不要因为自己的懒惰而把工作往后拖延。不管遇到什么困难都能迎头而上，不仅能够提高你的工作效率，还能赢得老板的信任和赏识，同时也可以让我们挖掘出自身的更多潜能，帮自己一步步走上成功之巅。

懒惰是勤奋的天敌，懒惰的人即使天资再好，其最后的结果也等于零。在工作当中，勤奋可以弥补天资的不足，而天资却永远弥补不了懒惰的缺陷。一个人如果抵制不了自身的惰性，就只能在困境中沉沦，永远不会获得自己想要的成功。而懒惰的员工通常会认为，公司给的薪水太微薄，自己不应该付出这么多的努力，因而更加吝惜自己的汗水和付出。他们总喜欢贪图安逸，在工作当中是能偷懒就偷懒，任务是能拖一刻就一刻，久而久之，便养成了一种无可救药的恶习。

员工在工作中的拖延其实就是人的惰性在作怪，但你可知道，一个企业家会因为没有及时做出关键性的决定而使企业错过市场竞争的最佳时机，一个病人会因为延误了看病诊治的时间而给健康带来无法挽回的损失。现实中的拖延并不是一种无所谓的耽搁，它会使个人和企业永远与成功绝缘。

王云是北京市一家制药厂质检部门的负责人，凭着多年来对工作的兢兢业业，她深得厂领导的信任。由于工作一向细心谨慎，该制药厂生产的药也从没出现过质量问题。制药厂的生产规模由此日益扩大，效益不断增长，这样一来，王云的工作量也越来越大了。

天有不测风云，有一次，一批新生产的感冒药经审核投放市场后，部分消费者反映吃完药之后有不适反应。在得知消息后，厂长立即找到王云，让她赶快查明原因，如果药品确实存在质量问题，就必须全部召回，并务求给消费者一个满意的答复。

但王云对自己的工作很有信心，她认为既然感冒药已经通过了双重检查，有问题的概率应该很小，而部分患者有不良反应也属正常现象，因此并没怎么放在心上。由于手头还有其他一些重要的事情要做，她便决定过两天再处理这件事。可是没想到，几天后问题变得越来越严重了。服用该药后出现不良反应的人越来越多，有的患者已经向药品监督管理局投诉了该药厂，于是一时间闹得沸沸扬扬，药厂的名誉一落千丈。

厂长知道王云没有及时处理这件事情后非常生气，严厉地批评了她，并免去了她质检部主管的职务，还扣了她一年的奖金。而王云并不知道，本来厂长还打算下个月就提升她做副厂长呢！虽然平时的工作表现非常好，但这并不能弥补她因工作的一时拖延而给药厂带来的极为严重的负面影响。就这样，拖延不仅毁了王云的个人前途，也毁了整个药厂。

在这个事例中，王云虽然曾经对自己的工作兢兢业业，但一时的怠惰还是毁掉了她的大好前程，她所在的药厂也因为她工作拖延而招致了惨败的命运。由此可见，工作容不得半点拖延，懒惰和拖延就是你迈向成功的大敌，只有打败它们，积极行动起来完成自己应该做的事，你才能实现自己最终的目标。

一位成功学家曾如是说："在此我想提醒那些懒虫们，在工作中，你不但可以得到薪水，更重要的是，你还可以得到良好的职业训练、工作经验以及建立起高尚的人品。这些东西永远都不能与金钱画上等号。你在懒惰的时候，可以懈怠一时的工作，可以让老板受到一点点损失，但对你自己却是一生的忏悔。"

在工作中，凡是应该做的事就立即去做，你会满怀新鲜感和兴趣，内心洋溢着热情，工作起来也会备感愉悦，工作效率自然也很高。而一旦心里面犯懒，将工作拖延之后，你的工作兴趣就会消失，以后再去做这项工作就会备感厌倦和痛苦，那么做事的效率也势必会降低。因为这时你追求成功的愿望早已被无数次的拖延磨灭，以至于事情最后的结果一点也不能令自己满意，你已经错失了良机。

"少年不知勤学早，白首方悔读书迟。"要想在工作中取得一番成就，就必须尽早摆脱懒惰和拖延的恶习，在工作中做到勤奋和敬业。因此，尽量减少个人的顾虑，在工作面前迅速做出决断，并立即展开行动吧！要记住，你不应该再因懒惰和拖延而虚度年华，并为此付出不必要的代价。

◎ 莫要把问题留给别人

在企业里，老板给了你一个位置，就是希望你能够为他排忧解难，在需要的时候独当一面，将问题妥善解决，而不是要你在工作中事无巨细都向老板请示汇报，或者对工作不够尽力，不但不能为企业创造价值，还给老板带来一大堆问题。你要记住，工作当中切忌把问题留给别人，这样你才能在职场一展宏图。

要知道，企业的工作千头万绪，非常之繁杂，尤其是拥有了一定规模的企业，单凭老板一个人不可能解决所有的问题，否则请员工干什么。而老板也没必要去解决企业当中的所有问题，雇用员工的目的就是帮老板解决问题的。因此，那些开明的老板总是敢于并且善于选贤任能，并大胆放权，注意发挥群体的优势，使企业呈现出一派生机勃勃的景象。而那些优秀的员工也总能够不辱使命，将老板安排的工作尽可能做到完美，表现出独当一面的能力。

哈克·摩尔曾是通用公司前总裁杰克·韦尔奇卸任前最得力的助手和最知心的朋友，在有着“世界经理人的经理人”之称的杰克·韦尔奇掌管 GE 的漫长岁月里，公司里有许多人离开和加入，也曾有过大规模的裁员，而哈克·摩尔比杰克·韦尔奇早来了三年，最开始他的职位也只是一位副经理的第三秘书。后来，杰克·韦尔奇在他的自传中这样描述哈克·摩尔：

“他在通用工作的时间比我还要长，直到现在都没有退休。在漫长的岁月中，他先后在二十多个岗位上工作过，这倒不是因为他不能胜任原来的工作而被调离，只是在公司的某个职位出现空缺时，大家总是第一时间想到他。他总是很快就能胜任新工作，能够在新的工作中独当一面；他总是让人觉得他是一个执行力强、从不把问题留给别人的人。

后来，我把他提升为我的助手，从他身上我看到了'适应性'的可怕，如果让哈克·摩尔坐在我的位置上，他不会比我逊色。因为他总是能够通过自己出色的学习能力，在很短的时间内胜任新的工作。"

作为一名员工，就要像哈克·摩尔那样，无论被安排到哪个岗位上，都能够胜任眼前的工作，为老板排忧解难。根据企业的二八法则，企业80%的利润都是由20%的像这样优秀的员工创造的，他们因此被称为企业的"核心员工"，也叫做"关键员工"。由于"关键员工"总在积极地为公司解决问题，是企业利润的来源所在，他们在公司的地位及得到的礼遇自然是其他表现平平的员工所难以企及的。因此，当你在为眼前的待遇感到不平时，最好还是想想自己为什么不能成为公司的"关键员工"吧！

在大多数情况下，我们会对容易解决的事情负责，在工作中挑肥拣瘦，拈轻怕重，把有难度的事情推给别人去做，这种思维直接导致了我们工作上的失败。作为员工，我们就应该让问题及早在自己面前止步，要表现出承担责任的胆识、气魄来。

很多员工之所以把问题推给别人，更多时候甚至是老板，可能是基于这样的想法：我能做到什么程度就是什么程度，反正公司是老板的，他不可能不管，我做不好，他自然会替我收拾残局。于是，很多事情老板不得不亲力亲为，要去做下属做不好的事，甚至还要帮下属收拾烂摊子。这样的员工是最让人头疼的，他们给同事、给老板增添了无数的麻烦，自身也无法从解决问题中得到锻炼的机会。

在工作中遇到问题是难免的，不要幻想逃避，也不要犹豫徘徊，更不要想着依赖他人，你要敢于独自去面对问题、迎接挑战，敢于做出自己的判断。当你用百分之百的努力去面对这些问题时，你会发现，那些看起来似乎"很严重"的问题，原来都可以顺利地得到解决。

当问题出现时，你可以选择面对，也可以选择逃避。然而，当你选择逃避时，问题并没有因此消失，反而更存在于你的脑海中，挥之不去。

没有付出,难有回报,当你把问题推开时,也就等于推掉了机遇。事实上,所有的困难和问题都是机遇,但只有你立志去解决,才能让别人看到你存在的价值,从而为自己迎来新的契机。

◎ 不做职场中的“眼高手低”者

职场中还不乏这样一些人,他们内心充满激情和理想,一心渴望着赚大钱、成就一番大事业,恨不得一夜之间成为大富翁、跨一步就能登上成功的顶峰。在选择工作时,那些职位低、薪水少的工作根本就不在他们的眼里;在做具体的工作时,他们对平凡琐碎的工作不屑一顾,可要是分配给他们一点儿重要的任务,他们又做不来。这就是典型的“眼高手低族”。

在工作当中,“眼高手低族”常常是“小事不愿干,大事做不来”,光说不练,自以为了不起,一落到实处就“歇菜”,手忙脚乱。特别是一些职场新人,由于他们只梦想着做大事而又总是连小事都做不好,结果导致频繁跳槽,今天做东明天做西,最终只不过是一场空“折腾”。

要知道,“罗马不是一天建成的”,每一个企业都有从小到大、从弱到强的发展过程,每一个人的职业生涯也都有高峰和低谷。你要先做好低谷中的伏龙,注意从小事开始积累,一砖一瓦才能建起自己理想的职业大厦。

而事实上,简单的事情中往往蕴藏着大学问,看似简单的事情你并不一定就能把它做到最好。我们可以来看一下罗永强的故事。

2007年4月5日,央视国际《2007劳动榜样》栏目介绍了“平凡岗位勤于动脑,妙手描绘精彩人生”的罗永强。

2002年初,高中毕业的罗永强到重庆市新世纪百货商场当了一名临时促销员。他在这儿的工作是卖运动鞋,这可谓一个简单得不能再简单的工作，但罗永强却在这个岗位上做出了绝活。他利用普通的彩色鞋带，通过编、绕、搭、系等手法来完成各种各样生动的立体造型，为平淡普通的帆布鞋赋予了独特、时尚的气息。一时间，“系鞋带绝活”成了新世纪商场的招牌，来这买东西的人与日俱增，靠这项绝活，罗永强每个月能为商场多带来 20 万元的销售额。而在售货员这一看似平凡的岗位上，罗永强获得了商场“技能之星”的称号。

在谈到练这项技能的初衷时，罗永强介绍说，由于帆布鞋上市时销售不旺，为了美化陈列、吸引顾客眼球及创新，他通过自己的构思有了现在的这项技能。而目前打花式鞋带只是他创新工作的一部分，在商品包装、陈列设计方面罗永强也都有着自己新奇独到的想法。

在 2006 年圣诞节前，罗永强被借调去搞商场活动布置。他花了三天时间，自己画草图、买材料、剪裁、上色，搭出一个长、宽、高各三米的圣诞小屋造型，由此一炮而红，引起了重庆市许多设计公司的注意。这之后，不时有人过来拉罗永强跳槽。然而，面对越来越多的关注，罗永强却说：“我还是想继续在商场工作，这是我的第一份工作，我希望能把它做好。”

反过来问一下自己，如果你也处在普通售货员的岗位，那么自诩能干大事的你是否会做到罗永强那般出色？看了上面这段故事，恐怕你也要汗颜的吧！罗永强在普通售货员岗位上做出的不平凡业绩足以让人刮目相看，但更难能可贵的是，他在一夜成名之后，面对众多的诱惑却不为所动，仍然选择坚守在自己平凡的岗位上。对此，一心想干大事的员工们会不会又一次感到汗颜？

现实中，很多人之所以会犯眼高手低的毛病，主要就是因为他们的心态没有摆正。眼高手低的人一般比较浮躁，喜欢急功近利，使得他们做事三心二意，从而导致自己走向失败。做小事是成大事的基础，只有把小事做漂亮、做精致了，长此以往养成习惯，一旦遇到做大事的机会，你才能很好地把握。而如果你看不起自己的工作，一心想要功成名就却又不屑于从眼前的工作做起，总认为那是在埋没自己的才华，那么你又怎能将工作做好？

不要抱怨老板不识才，没有要求说做老板的就一定得具备一双火眼金睛。通常情况下，老板对员工的认识都需要一个过程，如果你想初到一家单位就能得到老板的赏识，那你又凭什么呢？要知道，老板开公司承担着很大的经营风险，识人用人关系到公司的发展前途，如果他在没有对你进行深入了解的情况下就贸然委以重任，则是对公司和其他员工不负责任的表现，难道你希望自己有这样的一位老板吗？

因此，当老板把你安排到一个普通的岗位上时，不要抱怨、沮丧，要想在同事当中脱颖而出，你必须首先把那些看似不起眼或是不重要的工作努力做到位。俗话说“于细微处见真章”，任何一个英明的领导人都是善于从小事中进行观察、继而发现员工的潜能的，如果你能把每件小事都做好，证明自己就是一块“金子”，老板自会对你另眼相看，你也自然能够获得加薪升职的机会。

另外，一些员工在平常的工作中习惯对同事指手画脚，对公司提出一些不切实际的建议和计划，他们总想风风火火地干大事，总想当指挥。可是，当要他们把想法落到实处，让他们自己动手去做时，却又把事情搞得一塌糊涂，结果被别人拿来当做笑料。这就是俗话说的“站着说话不嫌腰疼”，也是眼高手低者的一种表现。

从现在开始，不要再去抱怨工作太繁重、薪水太少了吧，你应当放低姿态，仔细掂量一下自己的实力，要意识到自己的价值到底有多大。对于每个人来说，做工作量力而行、脚踏实地一步一个脚印地走下去，要比不切实际地去承担较高难度的工作好得多。

四、善待责任，把工作做到最出色

◎ 永不懈怠，把工作做到最出色

对于任何事情，任何人都无法做到绝对的完美，而只能是相对的完美。但即使是相对的完美，仍然需要你具备很强的责任心。作为一名员工，我们应该抱着认真、严谨和负责任的态度，促使自己更努力地去完成工作。只有这样，工作才会做到更完美。

现实中，很多人认为自己的工作已经做得够好了，但扪心自问，你真的发挥出了自己最大的能力，把事情做得尽善尽美了吗？要知道，每个人身上都有这样一种巨大的潜能，只有以尽职尽责的态度去对待工作，你身上的潜能才会最大限度地发挥出来，让你把事情做到臻于完美。

正如齐格勒所说："如果你能够尽到自己的本分，尽力完成自己应该做的事情，那么总有一天，你能够随心所欲地从事自己想要做的任何事情。"但如果你凡事得过且过，从不认真努力地把本职工作做好，那么你永远无法摘取成功的果实。即使你本来有着出色的能力，也会因为不具备负责任的工作态度，而导致在工作中疏漏不断，结果使自己逐渐平庸下去。因此，你唯有尽职尽责地对待工作，想方设法把工作做到完美，才能在工作中不断求得进步。

把工作做到最出色，几乎是优秀员工对自己的一致要求，然而，这一基本要求，并不是所有的员工都认可的。做到出色要付出更多时间和精力，并且薪水和职位也不一定马上就超过别人。但是，如果你的目光能放远些，就会拥有一个比较完美的结果。

或许你的天姿并不出众，然而你却把全部精力投入到工作中，将它完成得非常出色。这样，老板早晚会看重于你，给你更优厚的待遇和更重要的职位。而那些资历深、学识高，但却敷衍工作，不力求工作完美的员工，陷入平庸也是很自然的事了。

企业需要员工的精益求精，将工作做到出色，这是公司发展进步的需要。然而从根本上说，员工热爱自己的工作，将每件事都出色地完成，主要还是为了自己的发展，为了自己未来的成就。实质上，这是一个双赢的行为。而且对员工个人而言，获得的收益还要多，因为它改变的是你的一生。

我们要把工作做到最出色并不难，只需要多做一点点，多些对工作的热爱，多些忠诚和认真。如果你本着认真的态度去做事，那么你一定能在工作中超越别人和自己。同事会因此尊重你，客户会因此喜欢你，老板也会因此欣赏你，并且有机会一定不会忘记你。

在当今竞争激烈的环境下，把工作做到最出色是员工和企业必须遵循的法则，它更代表着员工和企业的核心竞争力。

有些员工自恃在公司待的时间长、资格老，会下意识地做一些质量粗劣的工作。对于企业来说，产品和服务质量是其生存下去的根本，对那些胆敢触及企业根本的人，无论是昔日的功臣还是当前的精英，企业都会果断地让其离开。因此，老资格的员工可以把自己的资历当成和企业荣辱与共的见证，而绝不应该以此作为放纵的资本。另外，由于养成了轻视工作、马马虎虎、不负责任的习惯，还会使得他们在以后的工作中难以得到有效的提升。

也许你是一个不错的员工，但尽职尽责意味着你要抵制诸多的诱惑。比如说，老板派你到一个风景名胜区去办事，你会不会迷恋怡人的景色而耽于游乐，从而削弱自己的责任心，把事情办得一塌糊涂呢？现实的情况是，很多员工在接到任务时，由于抵挡不住外界的诱惑而不能把精力完全投入到工作中来，导致工作结果不佳。能否克制自己的贪念和私欲，是一个员工是否具备强烈的责任意识的最好体现。

当老板赋予你一项使命时，千万不要在还没付出一点辛劳后就觉得自己已经做得够好了，你要力求将工作做到尽善尽美。而在追求进步方面，你要做到永不懈怠。只有这样，你才能确保自己高质量地完成老板交代的任务，成为一名出色的员工。

◎ 每件事都值得用心去做

老子说："天下难事，必作于易；天下大事，必作于细。"意思就是说，想要做好一件困难的事情，就要从简单的事情开始做起；想要做好一件大事，就要把握好每一个细节，做好每一件小事。

我们发现，凡是成就大事业的人，无一不是注重细节的人。他们从来不会觉得自己的工作是无用的，而只是踏踏实实地做好眼下的每一件小事，从而一步一步走向成功。

然而，在工作中，我们经常可以看到这样的人：他们总是希望自己能够做一些惊天动地的大事情，而对眼前该做的具体工作视而不见；他们整天抱怨自己的工作一点也不重要，觉得做好做坏都没什么区别。因此，在对待每一件具体的小事的时候，他们总是敷衍了事，不肯多花一点心思。

这种做法看起来似乎很"聪明"，实际上却是对自己和工作的不负责任。

王亮在一家汽车修理厂工作，进厂第一天，经理就告诉他，每次修完车的时候，一定要把工具洗干净，以便下次修车的时候更好地使用。把脏兮兮的工具放在那里，自己看着不舒服，也不利于下次工作的顺利开展。

王亮心想，不就是洗工具吗？这点小事，我肯定能做好啊。一开始，他的确按照经理说的去做，每次修完车就及时清洗工具。时间长了，他开始觉得清洗工具这个后续工作很多余，于是就没有再做了。

有一天，经理来视察工作，发现王亮的工具上面积攒了厚厚的污垢，于是便问他："这是怎么回事，我不是跟你说过要做好清洗工作的吗？"

面对经理的质问，王亮有些不好意思地回答说："清洗工具挺费力的，反正下次还要继续用。"

经理沉默了一会儿说："看一名修理工的工作好坏，不用去现场看他的修理过程，只需要检查他的修理工具就行了。小事最能体现出一个人对待工作的态度，只有用做大事的心态来做每一件小事，才能真正把每一件事情做好。连清洗工具这样的小事都做不好，又怎么能做好全部的修理工作呢？"

听了经理的话，王亮惭愧地低下了头。从那以后，他再也没有偷懒过了，在所有的修理工里面，他的工具总是最干净的，工作起来自然得心应手。

除此之外，王亮还养成了注重细节的好习惯，设身处地地为顾客着想，为他们提供最优质的服务，受到客人的广泛欢迎。不久之后，他就被提升为部门主管了。

是啊，一个连小事都做不好的人，能做好大事吗？又有哪个公司、哪个领导肯把重要的任务，交给一个连小事情都处理不好的员工呢？只有端正工作态度，用心把每一件小事做到完美，才能收获成功的喜悦。

作为普通人，在大部分的时间里，我们面对的总是一些琐碎的小事。也许你每天的工作，就只是打打电话、处理文件、参加会议这样的小事情。对此，你是否经常感觉到厌倦，觉得自己所做的工作没有多大价值？你是否因此而敷衍懈怠，对工作采取消极应付的态度？

事实上，没有任何工作是毫无价值的，工作的意义，就是要求我们用行动去创造更多的价值。每一件看似微不足道的事情，都有重要的意义，值得我们用心去做。公共汽车上的售票员，每天的工作就是引导乘客乘车买票；马路上的清洁工，每天的工作就是将街道清扫干净。如果没有人来做这些小事，或者做这些事情的人很不用心，我们就不会有现在这样方便舒适的生活环境。

工作就是由一件件小事构成的。不怕你现在做的事情有多小多不重要，就怕你连小事都不用心，连小事都做不好做不到位。真正决定你前途和命运的，不是你现在所做的具体工作，而是你对待工作的态度。用积极的心态认真处理好工作中的每一件小事，你就会获得相应的收获；用消极的心态敷衍应付工作，最终受损失最大的是你自己。

这个世界上没有不值得的事情，每一件小事都值得我们用心去做。所谓大事，其实都是由一件件小事构成的。因此，你应该抛下那些不满和抱怨，将它们化为自身工作的动力，全力以赴地做好每一件小事。只有做好了每一件小事，我们才能不断地积累经验，提升自我的价值，成就更大的事业。

◎ 凡事要学会积极主动

美国钢铁大王安德鲁·卡内基曾经说过："有两种人绝不会成大器，一种是除非别人要他做，否则他绝不会主动做事的人；另一种则是即使别人要他做，他也做不好事情的人。只有那些不需要别人催促就会主动去做应该做的事，而且不会半途而废的人才会成功。"作为一个公司的员工，我们要积极主动地做事，并在关键时刻果断出击，这样才能更快地在工作中取得成就，才能成为最受公司欢迎的优秀员工。

积极主动地做事并非要求员工一定要做些额外的琐事，而是要求员工在做好自己本职工作的同时，站在公司发展的角度，多替公司着想，超越公司要求，突破日常工作惯例，为同事的工作提供便利，为公司的营运带来益处。

任何一个企业都需要能够主动做事的员工，任何一个卓越的员工也都是能够主动做事的员工。积极主动地做事体现的是一个人的上进心，而拥有上进心的人，更容易在同类中脱颖而出，在工作中取得辉煌的业绩。正如胡巴特所说："这个世界只愿对一件事赠予大奖，那就是进取心。"一个优秀的员工会主动了解自己应该做什么，并能设身处地为公司着想，有些事即使老板没有交代，他也会主动把它做好。这样的员工可以很快在职场找到自己的位置，作出业绩，获得成功。

对于一个员工来说，如果你永远只是被动地做事，对工作只是尽本分，或者唯唯诺诺，或者凡事都要等到老板三催四请才被迫一样地去工作，那么你便无所谓工作的速度，便无法在工作中取得业绩、获得提升，你会越来越沦为一个平庸者。你也无法在公司争取到更大的利益，充其量只能得到自己应得的那一部分薪金，而一旦有合适的人选，你的职位便很难保证。

要想成为备受老板欢迎的员工，要想成为公司里不可或缺的人物，你就必须凡事积极一点儿，主动一点儿，果断地采取行动，出色地把任务完成，并尽可能地多做工作。事实上，无论从事什么样的工作，只要本着积极主动的态度，养成快速行动的习惯，你的境遇就会大不一样。

王志是一家公司的秘书，由于最近有世界杯足球赛，每天下班后，他和同事们就早早回去抱着电视看球赛去了。但这天王志因为手头上还有一些事情要处理，所以下班后别的同事都走光了，他却依然在办公室忙碌着。

就在他快检查完季度报告的时候，人事部经理走了进来，问他哪儿能找到一个人来帮忙处理一下手头必须马上完成的公司文件。王志告诉他，同事们都早早回去看球赛了，如果再晚来五分钟，自己也会走。人事部经理听了后，一脸遗憾地正准备离开，王志却毫不犹豫地主动说自己可以留下来帮忙，因为"球赛可以晚一会儿看，工作却不能耽误"。

说完这话之后王志就开始行动，文件很快打印完了，人事部经理询问了王志的姓名，道声谢后就离开了。王志也没把这件事放在心上。然而大约一个月后，公司人事发生了变动，他们部门要重新调换主管，而最后公布出来的人选，竟然是王志。

部门同事对人事部的决定很是不解，要求人事部经理作出解释。人事部经理便将上次王志牺牲看球赛的机会帮他处理文件的事情说了出来，大家这才恍然大悟，都羡慕王志说："丢掉了一场球赛，换得了一个职位。"

王志并没有义务要放弃看球赛的机会去帮人事部经理处理文件，因为这不是他的本职工作，但是他却这样做了，就源于他做事积极主动的精神。而正是这一次的主动，让他升了职、加了薪。这就像人们常说的，只要你主动出击，果断行动，连上帝也会帮你。这也可以说是一个人在职场取得成功的重要手段。

英国著名作家萧伯纳有这样一句话："人们总是把自己的现状归咎于运气，我不相信运气。出人头地的人，都是主动寻找自己所追求的运气；如果找不到，他们就去创造运气。"这句话的意思等于是在说，卓越的人主动寻找机会，平庸的人只能等待机会。因为卓越的人善于抓住机会，有了机会就马上去行动，在行动中还能创造机会，因而他们总有机会；而平庸的人一味地等待机会，从不去作任何的准备，因而当机会来临时，他们也往往抓不住机会，采取不了断然的行动。这样一来，他们在工作中出不了成果，升职和加薪自然也就轮不到他们了。

或许工作中有太多的困难等着我们去解决，有些人未免害怕主动出击会碰得头破血流，他们习惯于谨小慎微地在夹缝中求生存。但工作中的难题不会自动消失，而在当今这个瞬息万变的职场，机遇、信息稍纵即逝，如果你做事不主动，行事优柔寡断，该出手时不出手，那么就永远作不出业绩，永远走不出职业的低谷。

现实中，成就大事的人和业绩平庸的人之间最大的差别，就在于前者能够迅速主动、果断地做事，而后者虽然经历了千千万万的失败，却长不了一点记性和见识，仍然是一副消极怠惰的禀性。要知道，在盲人的世界里，一只眼的人就可以称王称霸，而在充满消极氛围的办公室里，积极行动的员工会像金子一般的耀眼。即便从事的是被一般人认为最卑微、最低下的工作，只要你积极主动地去做，用速度来证明自己的行动力，用业绩来证明自己的价值，你的职业生涯照样会焕发出动人的光彩。

◎"差不多"的结果是差很多

每个企业都可能有这样的员工：他们每天准时出现在办公室，但是却没有及时完成当天的工作；他们每天早出晚归，忙忙碌碌，却不愿意对自己的工作精益求精。可以说，他们中的很多人抱着做一天和尚撞一天钟的思想，不思进取，得过且过，把工作做到"差不多"就行了，却从没想过这样做将会给自己、给公司、给社会带来怎样的后果，最终只能是误人误己，让自己成为社会的渣滓。

密斯·凡·德罗是20世纪世界上最伟大的四位建筑师之一，当问及成功的心得时，他只用了五个字："魔鬼在细节"。他反复强调，不管你的建筑设计方案是如何的恢弘大气，如果对细节的把握不到位，就不能称之为一件好的作品。细节的准确、生动可以成就一件伟大的作品，细节的疏忽则会毁坏一个宏伟的规划。

的确，建设用料"差不多"，导致豆腐渣工程层出不穷；医生用药"差不多"，给病人造成了终生难以解除的痛苦；生产原料"差不多"，制造出了许多粗制滥造的产品……这些看似"差不多"的行为，所得到的结果却是差了很多。

如今是一个注重细节的时代，任何一个企业如果在生产过程中忽视了一个小小的细节，都有可能给公司带来巨大的损害，著名的宝洁公司就是这方面一个很好的例子。

宝洁公司在刚开始推出汰渍洗衣粉时，曾遇到过这样一个问题：起初，汰渍洗衣粉的市场占有率和销售额以惊人的速度向上飙升，但没过多久，这种强劲的增长势头就逐渐放缓了。宝洁公司的销售人员很是纳闷，究竟是什么原因导致了汰渍洗衣粉的销量下滑呢？他们进行了大量的市场调查，但始终都没有找出其中的缘由。

于是，宝洁公司决定举行一次产品座谈会，很多消费者被召集前来参加。在会上，消费者畅所欲言，对新上市的汰渍洗衣粉给出了诸多评价。其中有一名消费者说出了汰渍洗衣粉销量下滑的关键："汰渍洗衣粉的用量太大了。"

宝洁公司的领导们忙向他追问缘由，这位消费者说："你看看你们的广告，倒洗衣粉需要那么长的时间，衣服是能洗干净，但要用那么多的洗衣粉，与别的品牌一比较，算起来不太划算啊！"

听了这番话，销售经理赶快把广告商找来，和他一起算了一下广告片中产品展示部分倒衣粉所用的时间，一共是三秒钟，而其他品牌洗衣粉在广告中所用的时间仅为 1.5 秒。两相比较，汰渍洗衣粉广告中倒洗衣粉的时间竟然比其他品牌的洗衣粉多用了一倍的时间。

只是 1.5 秒的时间，犹如白驹过隙般的短暂，但广告上这一小小的细节疏忽，却给宝洁公司带来了如此大的效益差距，也给汰渍洗衣粉的品牌形象造成了极大的损害。因此，在工作中无论事大事小，我们都要有一个准确的概念，要对自己的工作了解得非常透彻，对相关的数据有着准确的把握，这样将极有助于我们完成既定的目标。而如果凡事都只要求"差不多"，我们就会偏离自己的目标越来越远，最终滑向失败的深渊。

企业也是一样。由于企业是由多数人组成的经营实体，它是经不起一个又一个"差不多"的结果的折腾的，哪怕只有 1%的差距。试想一下，公司领导从上至下布置一项任务，如果在落实和执行的过程中每个人都差了1%，那么结果可想而知，到最后真正执行下来就会变得面目全非了。因此，我们在工作中要力争把事情做到100%，而千万不要只做到99%就觉得心满意足了。

或许在工作中你觉得自己做的和别人比起来也差不多，这样就足够了，但你的上司和老板、你的客户是心中有数的。你会因自己工作质量的高低而赢得或失去客户，影响到升职和加薪的机会。

有些员工经常抱怨公司的规章制度太苛刻，抱怨老板对自己的要求太严格，却从不审视一下自己的工作态度和成果。他们每天都是应付性地进行工作,还时不时地发表一下这样的言论:“那么认真干吗？”“差不多就行了。”事情的关键就在于，老板要求你的工作结果百分之百让他满意，而你却总是要差那么一点点，在这样的状况下，老板没让你走人就已经是对你的仁慈了，你还有什么理由去抱怨自己的老板呢?

“差不多”是恶果的温床,我们应坚决摒弃这种凡事只要求做到“差不多”的心理。多想一想“差不多”的结果给我们个人、公司以及客户所带来的不利影响，早日走出这一心理误区，养成注重细节的习惯，那么我们必将收获圆满的结果。

◎ 主动学习，成为不可替代的人

随着全球经济一体化的逐渐加深，竞争形势也日益激烈。作为职场中的一员，你的饭碗可能随时会被别人捧走，这是任何人都不能忽视的现实。因此，你就必须重新思考你的工作是否会轻易被别人取代。

有人曾就此调查并得出结论：未来只有那些“很特殊、很专业又很会学习”的人才不会轻易被取代。比如，你能为公司做一些别人无法做的事情，那么你在公司就拥有了竞争力，因为你的工作没有人能够取代。比如，像亚德里恩这样。

亚德里恩是巴黎一家五星级大酒店不起眼的小厨师，他只会做些小菜，所以只能当下手。但是，他会做一道特别的甜点，吃起来特别香甜。这道甜点偶尔一次被一位长期住在酒店的贵妇人发现，她在品尝后十分欣赏，每次来这里住都会指明要这一道甜品。酒店里年年都要裁去一定比例的员工，不起眼的亚德里恩却年年风平浪静。而这只是因为那位贵妇人是酒店非常重要的客人。因此，亚德里恩也就成为酒店里不可或缺的人。

可见，在职场，如果你有了一门独门绝技——别人所没有的资源，或者，你像迈克尔·乔丹、比尔·盖茨那样，拥有特殊的才能，那么你便有了安身立命之本。但如果，你没有这些，你就必须主动学习，不断充实知识和技能，让自己很专业。而事实上，即便是亚德里恩、迈克尔·乔丹、比尔·盖茨等，他们也得不断努力，因为亚德里恩的独门绝技也可能被别人学去，而乔丹、盖茨的后面，有很多人在朝着他们的目标努力。

随着社会分工的细化，企业内部职位的划分和对人才的要求也越来越趋向专业化，“专才”越来越受到大公司、大企业的青睐。因此，每个人在工作中都应该掌握一门专业知识。没有专业的人，只能做什么人都可以做的事，随时都有可能被别人所代替。因此，无论从事什么职业，都应该精通它。勤于钻研，下决心掌握自己职业领域的所有问题，就可以使自己变得比他人更精通。如果你是工作方面的行家里手，精通自己的全部业务，就能赢得良好的声誉，也就拥有了一种脱颖而出的秘密武器。

因此，必须树立这样的目标，成为你所在行业的精英，让自己不可替代。你必须以高于普通人的眼光来看待自己，否则你就只能流于平庸，随时可能被别人取代。

未来学家托夫勒明确指出：“未来的文盲不是不愿学习的人，而是不会学习的人。”前苏联学者费多谢耶夫也告诉我们：“掌握学习的方法和艺术，你便可以踏进智慧的大门，以欢笑的姿态，接受未来的挑战。”在电子技术日益发达、信息共享程度日益提高的今天，我们应该利用一切可以利用的资源，改进学习方法，提高学习效率，只有这样，才能跟得上时代的发展。

杰菲逊说：“一个人拥有了别人不可替代的能力，就会使自己立于不败之地。”是的，一个能在短时间内，主动学习更多的有关工作范围的知识，不单纯依赖公司培训，主动提高自己技能的人，就是公司不可替代的员工。

柳笛刚进入那家公司的时候，让很多人羡慕不已，因为那是一家有名的外资企业，云集的是众多高学历的人，而她，只不过是个貌不惊人、只有高中文化的女孩。于是很多人认为，作为高中学历的柳笛，能在这样一家公司做个文员已经很不错了。可柳笛似乎并没有满足这些，后来她成为公司总经理的秘书，面对两位不同国籍的老板——一位英国老板，一位法国老板，她不仅让他们承认了她的能力，而且她还让他们认为她是不可替代、不可缺少的。

柳笛说，刚进公司那会是最难熬的。谁都不把她放在眼里，老板们只把她当成一个干杂事的小职员，不停地派她做一些零七八碎的事情；同事也打心眼里看不起她，总是随意支使她去做一些无足轻重、跑腿的事情。但她忍耐着，她知道，自己惟有加紧学习，做出成绩，才能在公司里立稳脚跟，真正证明自己。

于是，在工作中，她除了干好老板、同事吩咐的那些杂七杂八的事外，她总是抓紧一切时间学习。她把她所能见到的各种文件，全部抢到自己的工作台上，一有空就去翻阅琢磨，从中学习。英文、法文两本字典，更是随身携带，甚至她还给自己制订了严格的学习计划——学习外语，学习计算机，学习礼仪等。在她的时间表里，完全没有休息日的概念，正常的工作日，她更是早来晚走。时间久了，她对公司的业务可以说是了如指掌，外文水平也与日俱增，那些业务方面的外文文件对她来说也不再存在问题。这不禁让同事们大吃一惊，更让两位老板对她刮目相看，不久，就让她做了秘书。

可以说，现在她终于证明了自己，可柳笛并没有就此放松。她除了把老总要做的一切安排得井井有条外，并让自己站在企业发展的角度上，努力提高自己。为此，她经常提出一些具有建设性的意见，帮老板们解开面前的难题。

在充分了解公司的一切的基础上，不断地自我充实，终生学习，就能不断地茁壮成长。而惟有不断地成长，才能够成为一名独当一面的专业人士，成为老板眼中最具有价值的员工。

一个人要想变得不可替代，就必须积极进取，努力学习。俗话说：台上一分钟，台下十年功。你必须加倍努力，而且要比别人更努力，你才能持续不断地自我成长，让自己变得更优秀，否则根本不可能在自己的专业领域里保持领先地位。你只有一种选择，积极努力，让自己变得更优秀，反之，如果你随波逐流，懒散懈怠，最后只会让自己变得不堪一击。

管理大师彼得·圣吉博士说："学习的本质如果用两个字回答，就是创造；如果用四个字回答，就是持续创造。学习力是最可贵的生命力，最活跃的创新力和最本质的竞争力，是把知识资源转化为知识资本，以获取和保持个人、企业、国家持续竞争优势和促进社会和谐最有效的状态和过程。"

因此说，未来的职场竞争将不再是知识与专业技能的竞争，而是学习能力的竞争，一个有着崇高目标、期望成就大业的人，总是不停地超越自我，拓宽思路，扩充知识，敞开生活之门，希望比周围的人走得更远。他有足够坚强的意志，激励自己做出更大的努力，让自己不可替代。

◎ 没有“够好”，只有更好

美国前总统麦金莱在一次演讲中说：“比其他事情更重要的是，你们需要尽最大的努力把一件事情做得尽可能完美。”

当你选择了一份工作的时候，就等于是选择了一种生活方式，你可以选择马马虎虎地应付工作，也可以选择把工作做得漂漂亮亮。工作的质量往往决定生活的质量，如果你希望拥有更好的生活，就要在每一份工作上尽心尽力。能做到更好，就不要满足于“够好”；能完成百分之百，就不要只完成百分之九十九；能达到艺术家的水准，就不要甘心沦为一个平庸的工匠。

很多人之所以一直平庸，最大的原因就在于他们容易满足于现状，总是觉得自己“已经做得够好了”。他们对按部就班的生活和贫穷的境况习以为常，缺少前进的目标和动力，只是日复一日地重复自己的工作，麻木地听从现实生活的安排，却从未想过要作任何改变。当积极进取的意识慢慢被生活消磨殆尽，自然也就永远地失去了进步的空间。

小王大学毕业后，就来到一家公司工作，他认为自己的专业能力很强，足以应付那些简单基础的工作，因此在工作中总是不够用心。有一天，老板交给他一项任务：为一家知名企业做一个广告策划方案。

小王看到这件事是老板亲自交代的，自然不敢怠慢，认认真真地做了半个月。半个月后，他拿着方案走进了老板的办公室，恭恭敬敬地放在老板的桌子上。谁知老板连看都没看一眼，就直接问他：“这是你能做的最好方案吗？”小王当时一愣，没敢回答。老板把方案推了回去，让他修改过再重新拿回来。

在接下来的日子里，小王查阅了大量资料，对那家公司作了详尽的了解，很快就又搞定了一个方案。当他把方案递给老板的时候，老板还是那句话："这是你能做的最好方案吗？"小王依然不敢给予肯定的答复，于是老板像上次一样，让他拿回去继续修改，直到自己100%满意为止。

再一次从老板办公室拿回方案后，小王暗暗下定决心，一定要做出最好的方案交给老板。于是他去了那家知名企业，和他们的工人吃住在一起，了解他们的产品，和那家公司的高级领导沟通，了解他们想要的东西。最后，小王回到自己的公司，信心百倍地把新方案放到老板面前，并告诉老板说："这是我能做的最好的方案。"老板微笑着说："好，这个方案批准通过了。"

这次经历让小王明白了一个道理：要么不做，做了就要做到最好。从那以后，他每做出一个新的方案，都会问自己说："这是我能拿出的最好方案吗？如果不是，有没有更好的方案？"凭借着对自己的严格要求，他得到了老板的充分赏识，不久就被升职为部门主管。他用同样的方式去要求自己部门的员工，在这样的严格要求下，他所领导的部门，每个月都是所有部门中业绩最好的。

很多时候，我们都会觉得自己已经做得"够好"了，但事实上往往还"不够好"。即使真的已经"够好"了，我们依然需要抱着客观的态度，冷静地审视自己的工作。成功者无论从事什么工作，都不会满足于现状，相反地，他们总是会对自己提出更高的要求，不断地发掘出自身的潜能，创造出更好的业绩。

在工作中，我们常常会遇到一些困难，但只要你用认真的态度去对待，即使是再困难的事情，也可以得到完美的解决。有些事总是做得不完美，并不是因为没有解决问题的方法，而是因为你没有在工作中尽到最大的努力。

无论是你的客户、上司还是老板，他们之所以会对你提出严格的要求，往往是出于某种需要，而并非存心挑剔。客户担心产品出问题，上司怕工作质量影响业绩，老板则更是迫于市场的巨大压力。市场是无情的，有时可能只比竞争对手稍逊一点点，就可能被淘汰出局。工作只有做到最好才能让自己心安，结果只有最好才能让老板满意。如果你的业绩总是比别人差一点，不仅会伤害到你的公司，也会影响到你自身的职业竞争力。

为了做好工作，不论花费多少时间与精力都是值得的。当你努力将工作做到更好的时候，你并不只是在出卖自己的劳动，更多的是在为自己积累资本。只有将“做到最好”变成一种习惯，才能学到更多的知识和技术，得到更多学习和锻炼的机会。

工作还会带给你成就感与满足感，让你找到自己的价值所在，所有这些，都是做一天和尚撞一天钟的员工永远也领略不到的。

成功就是不断追求完美的过程，永远不要说“我已经做得够好了”。真正的强者从来不会满足于一时的胜利和虚荣，而是永远向着更高的目标前进，每一天都做到更好的自己。

懂执行
全力以赴，打造高效执行力

ZUOZUISHOUDANWEIHUANYINGDEYILIUYUANGONG

“执行力高于一切”。那些能够长久经受住市场残酷考验，始终立于不败之地的企业，凭借的都是高效执行力。阿里巴巴董事长马云说过：“一流的创意，三流的执行力；三流的创意，一流的执行力，我宁愿选择后者。”即使是以技术赢得市场的微软公司，比尔·盖茨也曾发出这样的感慨：“微软在未来10年内，所面临的挑战就是执行力。”由此可见，执行力对于任何企业来说都意味深远，事关企业的生死存亡。

一、重在执行，执行力代表战斗力

◎ 执行力决定企业成败

美国前总统艾森.豪威尔说：任何语言都是苍白的，你唯一需要的就是执行，一个行动胜过一打计划。在全球化的今天，企业将面临着越来越严峻的挑战，要想在竞争中保持优势，就必须重视执行，提高企业的执行力。执行力决定着企业的兴衰成败，没有执行力所有卓越的方案都只是空谈，所有完美的计划都是幻想。

执行力就是把想法变成行动，把行动变成结果的能力。现代组织的最大问题就是没有执行力。无论多么宏伟的蓝图，多么正确的决策，多少严谨的计划，如果没有高效的执行，最终的结果都只是纸上谈兵。没有执行力就没有成功，执行才是硬道理。毕竟，构想再伟大，也要有人将它实践出来，这一切，靠的就是执行力。执行力决定企业的成败，任何企业的成功必然都是执行的成功，没有执行力，哪有竞争力。

为什么企业制定了目标，最终的结果却相差甚远？为什么健全的规章制度和明确的岗位职责形同虚设？为什么经过仔细论证的计划和行动方案无法达成预期效果？为什么完美的设计思路，变成了毫无意义的空想和空谈？为什么一件小事拖拖拉拉完不成？为什么一个好的战略犹如空中楼阁，无法实施？

这一系列“为什么”的背后隐含着一个被忽视的重要现实，那就是：缺乏执行力！比尔•盖茨说：“没有执行力，就没有竞争力。”可见执行力对于企业发展、团队塑造是多么重要。

执行力，对个人而言执行力就是办事能力，对团队而言执行力就是战斗力，对企业而言执行力就是经营能力。衡量执行力的标准，对个人而言是按时按质按量完成自己的工作任务；对企业而言就是在预定的时间内完成企业的战略目标。执行力要成为一种强势，必须要把握执行制胜的二十四字真经：认同文化、统一观念、明确目标、细化方案、强化执行和严格考核。

在连续几届清华大学总裁班里，国内多家知名企业的老总，他们对现在市场的把握与对未来市场的认识，都是真知灼见，目光深远。但是，在他们的课间小组交流和课堂提问中——他们问的问题中很少有战略层面的，而更多的是请教如何贯彻执行。事实上，很多组织并不缺乏伟大的战略，真正需要的是，把战略落实到位的执行力。毕竟，再不景气，仍有公司达到预定的运营目标；构想再伟大，也要有人将它实践出来，这一切靠的就是执行力。

在美国西点军校里有一个广为传诵的悠久传统，就是遇到军官问话，只能有四种回答："报告长官，是"，"报告长官，不是"，"报告长官，不知道"，"报告长官，没有任何借口"。除此以外，不能多说一个字。"没有任何借口"是美国西点军校奉行的最重要的行为准则。它强化的是每一位学员想尽办法去完成任何一项任务，而不是为没有完成任务去寻找借口，哪怕看似合理的借口。其核心是敬业、责任、服从、诚实。这一理念是提升企业凝聚力和竞争力，建设企业文化的最重要的准则。秉承这一理念，众多著名企业建立了自己杰出的团队。

"没有任何借口"体现的是一种完美的执行能力，一种服从、诚实的态度，一种负责、敬业的精神。在现实生活中，我们缺少的正是这种人：他们想尽办法去完成任务，而不是去寻找借口。

你是否想过：为什么满街的咖啡店，唯有星巴克一枝独秀？为什么都是做超市，唯有沃尔玛雄居零售业榜首？应该说，各家便利商店和咖啡店的战略都是大致相同的，然而绩效却是大不相同，道理何在？

关键就在于是否具有非常强的执行力。

全世界做网络设备最大的思科公司，拥有行业垄断技术，然而其总裁在谈到公司成功的主要原因时，竟然认为成功不在于技术，而在于执行力。由此可见，“执行力”在世界级大公司里被看得有多重。甚至可以这么说，凡是发展快且好的世界级企业，都是执行力强的企业。比尔·盖茨就曾坦言：“微软在未来10年内，所面临的挑战就是执行力。”

“在南方的某个城市，某跨国公司中国区高管在一幢摩天大楼的60层举行一年一度的营销年会，在座的80余人中，美方高管有50余人，剩下的就是中方的高级雇员。会议即将结束时，美国来的总裁突然站起身说：全体人员跟我一起跳下去，这个时候，空气一下子凝聚起来，只见那50余人齐刷刷地站起身目光紧盯着总裁。中方雇员们慌了，也忙不迭地在椅子上挪起身子，惊恐地望着美方总裁，心说：这老头疯了！”

故事到此结束，我们姑且不说，他们是不是真的跳下去，简单的测试却折射出两种文化体制下一种人文最本能的反映。在外企，绝对服从是第一，其次创新；在国内，同样的要求却在执行过程中出现了偏差，老板在考虑员工怎么想的，员工在考虑老板想的对不对，其实，在企业管理的角度，既然岗位设置已经完毕，剩下的就是各司其职、各负其责。执行力要的就是按时、保质、保量三个达标——

按时，是工作成果在时限上的要求。保质，是工作成果在品质上的要求。成果至少不低于标准值，不允许假冒伪劣、以次充好；保量，是工作成果在数量上的要求。至少要达到规定的数量，不允许偷工减料、缺斤短两。提高执行力的关键在于每一名员工真正明确和履行各自的岗位职责，在其位、谋其政，心往一处想，劲往一处使，形成执行合力。

每一名员工都应该充分发扬“蜜蜂”精神——兢兢业业、任劳任怨，扎实高效地干好自己的本职工作，进一步树立大局意识、责任意识和学习意识，不折不扣地落实上级精神，全面提高自己的执行力。

◎ 没有执行力就没有战斗力

国内曾经有一家破产企业，后来被一家外国的企业所收购。最初，公司里所有的人都在猜测外方能带来什么先进的管理模式和超一流的生产技术。然而令人失望的是，外方只是派了几个管理者，公司原本的制度没变，人也没变，机器设备更没变。只是提出了一个要求：把先前制定的制度坚定不移地执行下去。结果一年不到，企业就扭亏为盈了。

由此看来，一个企业有再好的制度和战略，如果员工不按照所规定的去做，去实施，一切都将是空谈。缺少执行力的企业必然是失去战斗力的。服从企业安排，坚定不移地将它执行下去，效率和质量自然会提高。很多企业都因此而受益，最典型的就是我们所熟知的海尔集团。

1984 年，海尔还是一个濒临倒闭的集体企业小厂，但是今天，海尔产品已经遍布世界一百六十多个国家和地区，旗下拥有白色家电、黑色家电、米色家电在内的 86 大门类 1.3 万多个规格的产品群，年全球营业额超过 700 亿元。从默默无闻的集体小厂到走向世界的民族品牌，海尔总裁张瑞敏认为这和海尔的 13 条管理规定密切相关。

张瑞敏在接手海尔时，面对的是企业的衰败景象。他也曾试图从规章制度上寻找问题，却发现这并非问题的所在，相反，企业原有的规章制度相当齐全、完备，甚至有些规定比国外企业还要先进。

既然硬件没有问题，那就是软件了。原来，先进的规定成了镶在墙上的美丽画卷，成了一种摆设，员工根本没有据此执行。于是，后来曾被张瑞敏在多个场合提及的海尔 13 条管理规定由此诞生。

也许有人会认为，这些一定是高深而玄妙的管理方针。但当你看到这些规定的时候就不会这样想了：不准迟到、不准打毛衣……这些像学生守则一般的企业规定看起来似乎好笑，但它所发挥的作用却不容小觑。正是通过它，海尔才实现了扭亏为盈，拯救了企业生存的局面。应该说，这13条管理规定并非最优秀，却是最适合当时海尔实际状况的方法。更重要的是，通过严格的管理，使得这13条管理规定得到了严格的执行。从先前的教训中，海尔得出了“有规必行”的观念，从此，规章制度再也不是“可有可无的摆设”。

自打“必须遵守规章制度”的观念在企业中形成后，海尔的管理者又逐步推出和细化了各种新的规章制度，一切为了“有规可依”提供保障。海尔通过一系列的措施，使得企业的管理渐渐步入正轨，逐步成为一个有执行力的组织，最终打造出今日的海尔集团。

要一个一流的管理制度，还不如，让员工们将挂在墙上的规章制度毫不保留地按部就班地做起来，这就是执行力。一个好的执行力强过世界上最一流的战略与规定。没有执行力就毋谈战斗力、竞争力，以及一切有利于企业发展的因素。

作为一名企业的员工，要做的不仅是给企业带来好的决策和先进的生产水平。更要做好领导付与你的职责，将其坚持不懈地做下去，做完它、最终落实到位。这样做的结果得到的只会是：高效率的执行过程、高质量的生产效果、高额的效益回报……

很多公司的雄心壮志，最终化为泡影，并非是管理和策略的不足，而是执行的不力造成的。在公司里，依然存在着一些不懂该如何执行的员工。有些员工养成了做事拖拉，得过且过的习惯，他们很难把工作坚持彻底地完成。也有的员工喜欢高调地阐明自己的观点，对公司的一些规定批评指责，使得制定好的计划难以执行。在公司规定形同虚设的情况下，公司和员工又怎能获得成功？

员工的执行力是公司基业常青的前提条件，只有无条件地执行，才能保证公司决策得到最好的落实。一个公司的成败，在很大程度上是取决于员工能否把公司的规定坚持执行到底的。这一点对于执行来说，必须是没有理由和借口地无条件地遵从公司所指示的去做。在有限的时间内，我们无暇为做不好找借口，更不该有失败的念头，而应该充分利用每一分每一秒来达成任务，这就是我所强调的无条件地执行。只要每个员工都努力这样去做,公司的效益必然会有了不起的提升。

◎ 不懂执行，一切都是空谈

一个公司的制度再完善，战略配置再先进，如果没有有效执行，那么任何决策都是空谈。当提及公司的失败时，很多员工会认为，这是领导的管理和决策出了问题。难道员工的责任就没有了吗？在工作中，大家真的按照规定的去做了吗?

公司任何的决策都是老板深思熟虑后的结果，勿需怀疑它的正确与否，只需按照它所要求的去做，若不照此行事，其结果必然导致失败。在这个时候你还能说是公司战略的问题，而不是自己没有执行的结果吗?

一流的战略只有和一流的执行力结合起来，才可能打造出一流的团队。所以,很多公司在招聘人才的时候,特别注重应聘者的执行能力。

如今很多员工都不甘愿做一个“听话”的执行者，要晓得这是企业内最大的“流毒”。如果员工们都不去执行计划方案，而都愿去做方案的设计者，那么即使有再多好的建议和方案，没有人去执行又如何看见成效?

就算是一个优秀的战略家，也必是一个具有强烈意识的执行者。被联想集团原总裁柳传志称为“得力干将”的杨元庆，就是最好的例证。他今天所取得成就的秘决就在于他高效执行了柳传志的战略思想。

当年杨元庆在接受联想的时候，所做的一切都是与柳传志的思想高度统一的。这也是一种执行力,一种具有最高水平的执行力。1997年,杨元庆将“严格文化”引入联想，并确立了“认真、严格、主动、高效”八字管理方针，还毫不留情地提出了著名的“八大问题”，细数联想执行力不够的症状。

2000 年，他又针对联想内部缺乏沟通和协作的情况，将亲情成分引入联想文化，试图以此建立一种相互信任和协作的文化。

2001 年 4 月，几乎是在从联想创始人柳传志手里接过联想“帅印”并公布 2001~2003 年计划的同时，杨元庆还把任正非的著名文章《华为的冬天》发给了全体联想员工，并在一次会议上问与会者：“如果有一天，公司没有完成任务怎么办？”……

杨元庆是柳传志思想的执行者，更是联想精神的执行者。杨元庆不仅自己做到了高效执行公司的精神，而且还把这种力量传给了联想每一个员工。

于是我们不得不承认杨元庆的执行力，已经发挥到了非常高的水平。由此我们也能看出，一个人就算再有本事，执行力是绝不能舍弃的。个人成功永远依赖集体的意识与价值，只有与团队的思想高度统一，才能在业务上成绩斐然。同时，公司的成败也需要有一群深刻理解公司价值观，能把它作用于行动的人们。

◎ 没有执行力就难有竞争力

在市场竞争激烈的今天，每家公司都会制定一项十分完美的计划和战略。而在战略内容上来看，基本都是大同小异、差别不大。然而，最终的结果却是：有的企业顽强地生存了下来，有的企业却遭到了残酷地淘汰。经过分析，其原因就是最终的执行力出现了问题。关键不在战略，执行力对于企业的生存和发展才起着关键而重要的作用。没有执行，一切都是空谈、一切都是没有价值的废纸、企业更不能具有在险恶的市场环境下生存下来的可能性。

执行力是企业核心竞争力的最关键的环节，它是唯一决定着企业成败的重要因素。要想不在明天被同行业的对手打败，企业和员工就要让自己快起来，在第一时间，快一些把公司的战略部署做出来，执行落实到位。抢先一步完成，“以速度制胜”，这是当今市场竞争的制胜法宝。

判断员工的优劣，最直接的方法就是看他的执行能力。执行力可以提高工作能力、增长自身经验、加强竞争力。只有拥有会执行的员工，企业才可能生存和发展。执行力需从员工的内心去认同、理解、支持公司持有的观念，在没有怀疑、抱怨和借口的前提下，才会坚定不移地去执行。

公司让员工去做一些事情，没有留有质疑的时间，你只要按部就班地快一些执行，落实到位就好了。如果再等考虑周详、那么企业需要的最终成果，早就被你们的竞争者先一步搞出来了。

市场是“快者”的天下，员工将公司的任务做得快一些、再快一些是第一要义，被淘汰的命运降临到自己和公司身上的几率也是很小的。

比别人更快完成任务，像上述所说的，把公司交代给你的任务，不加怀疑、不找任何借口地立即去执行，落实好，这就是你加速的利器。执行快是能力，执行到位就是实力，加在一起就形成了不可战胜的内在竞争力。

不要看轻你的执行力，它不仅让企业生存，也让优秀的执行者们在公司更受青睐和重视。一旦计划、制度已经出台，我们就要百分百地执行到底。在执行任务完成工作的过程中，除了追求速度以外，同时还要注重质量的问题。速度和质量，是衡量员工执行能力的两大标准。在执行的过程中，效率第一，质量也要跟上，这样企业才能更快速、准确地前进，每个员工也会因此受益匪浅。

企业寿命的延长和发展壮大，一靠速度，二靠产品和服务的质量。

有了速度和质量这两艘航船的保驾护航，才能保障企业又快又稳地抵达想要到的目的地。具体的做法就是：及时有效地解决好问题，这是公司制度与决策落实过程中原则性和灵活性相互结合的完美体现，是企业生存和发展的关键。因此，光有好的战略还不够，按照正确地方法去执行它才是公司击败强大对手、稳立竞争激烈船头的关键。

德国国家足球队向来以作风顽强著称，因而在世界足球赛场上成绩斐然。德国足球成功的因素有多种，但有一点很重要，那就是德国足球队队员在贯彻教练的意图、完成自己所担负的任务方面执行得非常得力，就算是在比分落后或是全队处于困境时也一如既往地按照既定战术去执行。你可以说他们死板、机械，也可以说他们没有创造力，不懂足球艺术。但成绩说明一切，作为足球运动员，他们是优秀的，他们身上具备最完美的执行能力。

球队也好、企业也好，无论是队员、或是员工，如果没有完美的执行能力，就算有再多的创造力也不可能做出好的成绩。企业做出的决策有多完美，是需要全体员工在执行中呈现、在实际操作中检验的。脱离团队的成就，不能视为你的最终绩效。

如果你很聪明，也很有才能，就请你执行好公司的战略，你终会成为最优秀的、最不可战胜的人才；如果你不算聪明，能力也不高，那么你也做一个按照指令去做事的执行者吧。你会在按部就班完成任务的过程中，学到知识、增长经验，提高实际能力，最终成长为一名优秀的、受单位欢迎的员工。

成败皆由执行起，一个完美的战略往往都是毁在没有执行力的人手中。请所有企业的员工们记住：有效率并保证质量的执行力才是你们帮助公司赢得市场地位的真本领。

◎ 圆满结果源自一流执行力

企业是一个商业组织，从本质上讲，员工与企业之间就是一种基于契约的商业交换关系。既然是商业交换关系，那么一手交钱，一手交货，理所应当。这里的“钱”，当然是指企业付给员工的薪水，而这里的“货”，就是员工工作的结果。结果有好有坏，但毫无疑问，老板想要的是我们在工作中取得的良好结果，虽然这需要老板为你付出更多的“钱”。现实中，一项任务的完成不等于就有了圆满的结果，只有有效执行任务，才会得到圆满的结果。

要知道，我们的工作不只是完成任务的过程，更重要的是做出令老板满意的结果。结果就是价值，我们对结果负责，就是对我们的工作价值负责。而很多时候，执行任务只是一个表面的假象，因为你只是在完成任务，你的注意力集中于工作着的过程，至于结果如何，则要等到它出来的那一刻才能见分晓。这也就是说，如果结果不尽如人意，你对任务的执行就是无效的，就是在做无用功，不但浪费了自己的时间和精力，还浪费了公司乃至整个社会的资源。

“亚洲首富”、日本软银公司董事长孙正义说过这样一句经典名言：“三流的点子加一流的执行力，永远比一流的点子加三流的执行力更好。”与其坐在那里空想，不如拥有超强的执行力。执行力是企业生存和发展的关键所在，对于员工来说，就是要把想干的事干成功的能力。如果你想在工作中获得高绩效，必须以有效执行为前提。

小张、小王、小李是大学同学，他们的学习成绩差不多，平日里称兄道弟，毕业后找工作，他们又赶巧被一家进出口公司同时聘用了。在工作中，他们同样卖力，然而两个月的试用期过后，总经理给他们定出的薪水却是：小张 5000 元，小王 3500 元，小李 1500 元。

小李很不服气，心想自己也很努力地工作了呀，为什么在三个好朋友当中自己的工资最低呢？就在他正在公司外面的过道里生闷气、抽闷烟的当儿，看见了闷闷不乐的小王。小李跟他打了声招呼，两个人见面一交谈，原来都在为工资的事不开心。于是，他们商量着要去总经理那儿问个究竟，以解心中的疑惑。

总经理看见他们两个垂头丧气的样子，就猜出了他们心中的小九九。听了他们的诉说，总经理思忖了一会儿，道："这样吧，明天我让你们三个去调查一下停泊在港口的货船，船上毛皮的数量、价格和品质，你们要详细地记录下来，并尽快给我答复。"

第二天，接到任务的小张、小王和小李三个人分别去了码头。一个小时后,他们就都回来了。小李先作了汇报:"我在那港口有一个旧识，我给他打了电话，他愿意帮我的忙，明天会给我结果。为了保证明天他能给我结果，今天晚上我准备请他吃一顿饭。经理您放心，我明天一定给您结果！"接下来，小王也把关于船上毛皮数量、品质等情况的详细记录呈给了总经理。

最后，小张不慌不忙地汇报了自己调查的情况。他首先报告了毛皮的数量、品质等详细情况，并说自己已将船上最有价值的货品记录了下来。然后小张又说，他已向总经理助理了解到此次调查的目的，是要在了解货物的情况下与货主谈判签约。于是，他在回程中又打电话向另外两家毛皮公司询问了相关货物的品质、价格等，并一一报告给了总经理。

总经理满意地听着小张的汇报，一旁的小王和小李却听得目瞪口呆，两个人的脸"刷"的一下红到了耳根，他们急忙向总经理告辞，低头惭愧地回到自己的办公室去了。

这就是任务执行结果上的差别，小张、小王、小李三个人执行任务的手段不同，所得到的结果也不同。毫无疑问，他们都执行了总经理交代的任务，都在执行任务的过程中付出了努力，但他们当中只有小张的结果最令总经理满意。在总经理眼中，小张的工作是最有价值的，因而他得到的报酬也最高。

现实中，很多人把工作当成任务，只要任务完成了，就万事大吉了，却不问自己做的结果如何、是否已达到了老板的要求等。工作对于他们来说就是一种不得不做的苦役，他们对工作敷衍塞责，缺乏工作的热情和动力。任何员工抱着这样的工作态度，自然不会取得什么好的成果。只有在做工作的过程中处处严格要求自己，注重细节，认真负责，才能获得圆满的结果。

优秀的员工就是具有一流执行力的员工，他们从来不会满足于自己现有的位置，他们永远要求自己的工作做到100分。随着自身能力的不断提高，他们对自己所达到的结果的要求也越来越高。而他们对任务的有效执行不但有利于公司，更实现了自我的超越，他们终将成为企业的核心员工，成为老板身边不可或缺的人。

◎ 世界著名企业的执行观

一个正确的战略是企业成功的前提，没有战略的企业就像没有行军计划的部队一样，毫无章法地乱成一团，其结果必然是鲜血淋漓的失败。但是，再伟大的计划如果只是流于形式，没能真正地落实，无异于是一堆废纸。没有执行力，再好的战略也是虚设。

众所周知，我国是美食的天堂，然而却没有一家能拿来和麦当劳媲美的快餐店或餐馆。从食品本身来看，麦当劳只是那几个简单的食品在转来转去，远没有我国的食品样式多样、口味丰富。然而我们却总也赶不上麦当劳在世界上的影响力，其原因就是麦当劳无论在世界上开多少家分店，都有一套严谨而高度统一的战略模式，更重要的是在执行力上力求统一、完美。

在信息相当发达的今天，任何组织都不缺少完美而可行的制度和战略,唯一缺少的只能是执行力。但凡是一流的企业都是以“执行第一”为标准的。尽管从本质上讲，核心竞争力是一种企业独有的、比竞争对手强大且不易被超越的内在能力,以及特有的企业制度和战略,但是,再好的战略也不能没有强大的执行力。因此，执行才是企业在竞争中的核心力量。很多知名的企业，都有一套属于自己的执行观：

GE——美国通用电气公司，可以说这家公司确实创造了太多的奇迹，其中，执行力就是这些奇迹的缔造者。据有关数据显示，通用电气公司连续十多年完全实现预算计划，与华尔街投资分析师的分析预测几乎完全一致；它制定一项战略后，在一年内必定产生预期的结果。作为一个跨越 13 个行业的巨型企业集团来讲，它就像一个小企业般高效、灵活、富有战斗力，它的执行力是惊人的、可怕的。美国通用电气公司前 CEO 杰克•韦尔奇经常手写一些便条，亲自封好后交给经理甚至普通员工；他能叫出数千位通用电气公司管理人员的名字，并亲自接见所有申请担任通用电气公司 500 个高级职位的候选人。通过这些简单有效的方法，杰克•韦尔奇的战略得到了有效的贯彻执行，通用电气公司也形成了一个具有强大执行力的优秀团队。

沃尔玛——全球最大的零售企业，其当家人罗伯特•沃尔顿一再强调，沃尔玛之所以能够取得今天的成绩，执行力起了不可估量的作用。可以说,沃尔玛的业态再古老不过来,店面零售是最早的商业形态之一,但是，如今它已经成为优秀企业的典范。一个普通的不能再普通的商业形态，产生了一家全球第一的企业。我们不可否认它的执行力是其核心的竞争力。甚至有人说:“只要沃尔玛想得到的，它总是能够得到。”

IBM——全球最有影响力的 IT 公司，其最成功的一位 CEO 郭士纳曾卖过烟草、饼干。然而由于他成功地领导 IBM 取得了巨大的成就，使他在高科技行业里一举荣获得了“全球最成功的 CEO”的殊荣，他带领着 IBM 公司成功地向“IT 服务业”转型，谱写了一个“大象也能跳舞”的业界传奇。郭士纳认为，一个成功的领导者应具备三个基本特征：有自己的关注点；在执行方面具有卓越的品质；具有个人领导艺术。同时这位神奇的商业领袖还认为这三个基本特征适用于所有规模和类型的组织，无论公司是大、是小；无论是营利机构，还是政府机构。20世纪90年代以来，IBM尽显大家风范，进退有度、纵横捭阖、不断超越，成为IT产业中最具核心竞争力的企业。其中，其卓越的执行力功不可没。一个被认为最具战略眼光的卓越公司，如此推崇执行力，这的确给了我们很多的启发。

不知道重视执行力的企业是没有前途可言的；不懂得执行的员工也不可能成为优秀的员工。如果能照着企业的制度去行事，如果能听从领导的指挥去做事，如此执行到位了，才可能获得最终完美的结果。执行是员工最聪明有效的行事准则。如果你还不知道怎么才能成为一名优秀的员工，那么你就先做一名能听从组织安排的执行者吧！

二、赢在高效，执行一定要到位

◎ 执行不到位，不如不执行

公司给我们提供了展示自我的平台，我们按照公司要求的去做事，去执行是义不容辞的责任。然而，不是所有做了的事，就算是做完了，做好、做到位才算完成了工作。执行了，还要执行到位；执行不到位，不如不执行。

有些人往往认为，只要我着手去做了，而不管结果如何，都可算是做出贡献了。而这没有功劳的贡献有什么值得夸耀的！有始有终将一项工作完美地、负责地完成它，才能算执行到位。没有到位，看不到结果的执行，就是“有头无尾”。

一项工作被执行时，在没有看到最后一个环节落实完成之前，哪怕是完成99%，都不能算是执行到位。工作中，对于自己负责的每一项任务，我们都要尽力做到完美、到位才算是做完了，否则就相当于没做，甚至还不如没做。

也许会有人说：“做到99%也付出了很大的辛苦，只差一点，今后再努力一下不就成了！”机会只有一次，下次更有下次的任务。我们要为今天、为现在做的事负责任。想一想，如果每个人每天的工作只做到了99%，将会是什么样子？那意味着：

每个月供应10个小时不安全的饮用水。

每天在当地国际机场来两次不安全的着陆。

每个小时丢掉160000封信。

每年200000份开错的药方。

每周500次不成功的外科手术。

每天因医生的疏忽，导致500个新生儿被遗弃。

每个小时有2200000份支票从错误的账户里扣了钱。

每年你的心脏停止跳动32000次。

一个人无论做什么事，都不要忘记责任。胡乱行事、应付了事，一旦出现差错，哪怕是一点点都会造成严重的、甚至是不堪设想的后果。一个企业要想求得发展，更不希望有随随便便不按规定行事和工作做不到位的员工拖后腿。

执行到位是职业素养最完美的体现。世界上任何一个成功的企业，无不是源于企业内每一个员工的执行到位。

麦当劳的创始人克洛克就有这样的观点：快餐连锁店要想获得成功，必须坚持统一标准，并持之以恒地贯彻执行到位。当第一家麦当劳餐厅诞生后的第三年，克洛克就制定出了第一部麦当劳营运训练手册。这本手册详细记载了麦当劳餐厅各项工作的程序和方法。在总结经验和吸取最新管理成果的基础上，公司每年都要对手册进行修改和完善。

四十多年来，营运训练手册已成为指导麦当劳运转的“圣经”。公司还制定了岗位观察检查制度，把全部工作分为二十多个工作站。每个工作站都建立了岗位观察检查表，详细说明该岗位职责与注意事项等。新员工进入公司，要接受岗位培训，包括看岗位标准操作影像，还有专人辅导的操作练习等。管理者要对员工的实际操作情况进行跟踪，员工的岗位完成情况要记入岗位观察检查表。据说这样做的目的，有利于总结经验，可以进行考核，决定录用、升降和奖罚。麦当劳管理人员都有一本袖珍品质参考手册，上面载有诸如半成品接货温度、储藏温度、保鲜期、成品制作温度、制作时间、保存期等指标，还有关于机器设备方面的数据。有了这种手册，管理人员就可以随时随地进行检查和指导，发现问题及时纠正，保证了产品质量能够达到规定标准。这就是为什么麦当劳能够成为世界快餐业巨头，成为世界100大品牌，进入世界500强的原因。

执行到位决不仅是员工个人的事，它更关乎着整体的利益。因此，每一个员工都要树立起执行就要到位的观念。把工作执行到位，才算是给自己的工作划上了一个完美的句号。

◎ 执行到位关键在“认真”二字

在工作中，很多人总想图省事找轻松，希望不用费什么力气，一次就能把事情做到位。可是，既舍不得下工夫，又想要有好的结果，天底下哪会有这样令人惬意的事！作为一名员工，就应努力培养起强烈的执行意识，排除一切困难和阻碍，认真执行上司的命令，完成团队共同的目标。

要知道，在一个企业内部，如果员工缺乏认真执行的精神，将会直接导致企业在贯彻自身的经营理念、实现自身的经营目标时大打折扣。更重要的是，它还会削弱企业员工的斗志，破坏良好的工作氛围，从而影响到企业的整体利益，长此以往就会断送企业的前程。为此，员工必须提高自身的执行力，认真尽责地去执行老板和上司的指令。在这方面，中国红军就是我们学习的好榜样。

中国工农红军的作战思想是“在平时的训练中多流汗，战斗时就可少流血”，而枯燥的军事训练尤其需要红军具备认真执行的精神。可以说正是靠着这种精神，中国的革命才一步步走向了胜利。尔后，红军这种认真执行的精神被解放军很好地继承下来，体现到了每一个细微之处。人们形容解放军叠的被子是“刀切的豆腐块儿”，在战士的宿舍内，所有物品都是统一摆放的，就连牙刷的方向也是一致的。没有认真执行的精神，是绝对做不到这一点的。

有人说，红军的出现真正给中国人带来了认真执行的精神，毛泽东同志也说过："世界上怕就怕'认真'二字，共产党就最讲'认真'。"回顾世界历史，那些能够强大起来的民族到今天仍无不保留着认真负责的工作态度。换言之，要想取得事业上的成功，没有对工作高度负责、一丝不苟的态度和作风，没有认真执行的精神是无论如何办不到的！

比如说，一个业务员想要拿下一个大订单，单凭一次、两次简单的联系和沟通就能做成吗？除非他的运气特别好，否则答案是显而易见的。你一定要牢牢"盯住"自己的客户，千万不要被"到时我再跟你联系"、"等等再说吧"、"有合适的机会一定跟你合作"之类的话所蒙蔽而选择被动地等待。试想一下，当别人的产品比你强、服务比你好、人又比你热情时，客户还会掉过头来选择跟你合作吗？你要和客户保持最密切的联系，客户如有任何需求都在第一时间想办法满足，有了这样认真执著的态度，还怕客户从你眼皮底下溜走吗？

事实上，我们日常所从事的工作、老板安排的任务也并没有那么难。所谓工作大部分都是日复一日的重复，要做好它，最简单的就是"认真"二字。一个人对待自己的工作或在执行任务时是否认真，从结果上可以看出来。大部分人就是由于不看重自己的工作，缺乏一种认真负责的精神，于是本来一件很简单的工作，却耗费了太多的时间和精力，而结果还不一定令人满意。

在执行任务时抱着无所谓的态度，只会给公司造成越来越多的损失。而在工作中除了要有一个好的态度外，还得有一套适用的程序和方法，这样才能真正实践好"认真"二字。有些人在执行中没有好的方法，空有认真的态度，弄得有力没处使，这样是不会有多少实际的成效的；而有些人找到的方法并不适合自己，这同样无法提高执行的效率；还有些人已经找到了合适的方法，却不愿意用心去照着做。所有这些都只是假认真，喊喊口号而已，对做事情并没有什么益处。

在执行中本着认真的态度，就是要做到细致周到，不漏掉任何一个环节，而这需要从三个方面下工夫：第一，必须先明确执行要达到的标准或是结果；第二，把达到这一标准或结果所要做的每一件事、每一个环节都想清楚，并一一记录下来；第三，对每一个环节都要抓细抓实，让各环节间实现“无缝对接”。做到了这几点，才能确保工作不“掉链子”，及时准确地落实到位。

如果你的执行能力不够高，不妨想想看，自己是否因为日复一日的琐碎而倦怠？是否曾在遇到问题时疏于承担责任？一个有责任心的人一定会认真、努力地去工作，并且做每一件事都会坚持到底，按时、保质、保量地完成任务。当你将“认真”二字真正贯彻到了任务的执行中时，就会发现所有难题都将为你而开路。

◎ 日事日毕高效工作法

在工作中，我们做任何事情都需要给自己设定一个严格的期限。如果没有这个期限，那就等于是开了一张空头支票，事情就会一拖再拖，不会有圆满的结果。只有懂得用时间给自己施压的人，才能按时完成工作任务，因此，在一天的工作忙碌之余，你最好给自己第二天的工作制订一个进度表，至少也要在脑海里大致地理一下思路，以督促自己养成日事日毕的工作习惯。唯有做到“日事日清、日清日高”，你的业绩才能节节攀升。

当你寻找巧妙的借口，或者有意忙些与工作无关的杂事时，你就为自我延误埋下了伏笔，而你也会在这种坏习惯中越陷越深。要知道，延迟自己需要做的事情，不但白白浪费了工作时间，还会因工作的积压而给自己造成不必要的工作压力。因为老板等着要结果，而你却不讲究做事的速度，偏把今天该做的事、今天可以完成的任务拖到明天，无形中你就会感觉到老板施加给你的压力。你不得不一边工作一边去排解这些压力，这样势必影响到手头的工作。而明天还有一大堆的事情在那等着你去做，试问你明天又有多少时间和精力去处理那么多未完成事项呢？

显而易见，如果做不到日事日毕，你积压的问题就会越来越多，到最后要么是仓促地处理，要么在老板面前找借口搪塞，要么因错过时机使事情不了了之。这样的工作方式出不了业绩，是不可能让你的老板满意的。

对于职场人士来说，每天都是一个新的开始，每天都有新的事情要做。拖延不只使我们的工作效率下降，还会使我们丧失做事的能力，让我们走向平庸。一个具有拖延习惯的人，事情不到火烧眉毛的地步，他往往弄不出个结果来。天长日久，他就会丧失自信心，遇事不能当机立断，不良的品格也会越来越多，而与此同时，机遇的大门也不再向他敞开。

因此，在我们接到新的工作任务时，一定要立刻着手去实施，把诸如“再等一会儿”“明天再去做”这一类的思想抛开，马上列出自己的行动计划，一刻也不要拖延。在工作的过程中，我们就会发现，原来以为很棘手的问题并没有想象中的那么困难，原来我们可以把工作完成得如此迅速和出色。而立即动手去做,又为我们节约了大量的时间，可以让我们去做更多有意义的事情。

在世界上的一些知名企业当中，都崇尚“日事日毕”工作法。海尔在实践中建立起了每人每天对自己的工作进行清理、检查、总结的“日日清”控制系统；沃尔顿提出的著名的“日落原则”在今天仍然指引着沃尔玛人在工作中做到“日事日清”；联邦快递曾在其公司网站上张贴了几则故事来阐明其核心理念：隔日送达。下面我们就将联邦快递公司的故事略叙一二。

故事一：一天，公司的一个驾驶员克劳尔到美国铝业公司装运一批必须在当晚运出的车轮，然而车轮的重要部件之一很晚才能运达。克劳尔没有等待和观望，而是积极帮助安装，并为车轮加上润滑油。等到晚上车轮的那一重要部件运达时，克劳尔在几分钟之内就将它安装完毕，使这批车轮得以按时运出。

故事二：在一次出班中，史蒂芬驾驶的货车过热，他通过不断给散热器加水的方式完成了运输任务。回到运输站后，他又将另外一批待运的包裹装上一辆货车。真是祸不单行，这辆货车也抛锚了，于是，史蒂芬不得不向客户借了一辆自行车。他将联邦快递公司的板条箱放入自己的背包里，然后将包裹装入其中。在炎热的天气里，史蒂芬踏着自行车，大汗淋漓，在陡峭的山丘上行进了10英里，最终总算是运完了自己负责的货物。这之后，他又徒步行走了2.2英里去装运另一批货物。

在联邦快递公司职员的心目中，将货物“隔日送达”就是自己的工作使命，无论遇到什么样的困难和麻烦，这一使命不可更改。他们的故事让我们感动之余，更让我们体会到，“日事日毕”工作法能够赋予我们极强的责任感和工作的高效率，使我们甘愿为早日达到预定目标付出坚持不懈的努力，并能让我们在工作中取得出色的业绩，在职场中立于不败之地。

在工作当中，许多员工总喜欢等条件都具备了再行动，殊不知，良好的条件是等不来的，我们也不太可能等到条件都完善了再开始工作，那样不可预见的因素太多，而完成任务的期限也可能无限期地延长。最好的方法就是立即行动，靠自己的行动去创造条件。我们一定要相信，在现有的条件下，我们一样可以把工作做到最好。

优秀的员工都是高效的执行者，他们做事从不拖延。在工作中，他们知道自己的职责是什么，知道自己每天的工作是什么，知道自己在这一刻该完成些什么。他们对自己的工作真正做到了心中有数，他们会把自己的工作安排得井井有条，这一刻该做的事绝不会拖到下一刻，今天该做的事绝不会拖到明天。不但如此，他们还对工作中的薄弱环节有着清醒的认识，要求自己不断地改善和提高，坚持每天进步一点点。因为他们深知，唯有做到“日事日清，日清日高”，才能拥有出色的业绩，才能获得老板的赏识和重用，走出辉煌的职业发展之路。

◎ 强化结果意识，优化工作方式

现实中，很多人都有这样的经历：为了尽快结束工作，心急火燎地把某件事情做完，没有过多地考虑细节，结果导致后面的工作不连贯，又不得不从头查找原因再做一遍；为了图省事，我们随手把垃圾扔在地上，使清洁人员不得不重新捡起它，再扔一次。我们之所以会有这样的行为，其原因就在于缺乏结果意识，做事不到位，最后要么浪费了自己的时间，要么别人也跟着你受累，给公司带来无谓的损失。

把工作做到位是最起码的工作标准，工作不到位的背后就是低效和浪费。何谓低效？你在规定的时间内没有做好自己的工作，这就是低效。何谓浪费？你做的工作没有达到预期效益，这就是浪费。在工作中，如果我们第一次不把工作做到位，就像上面所说的那样图快、图省事，那么在以后的工作中就会有无尽的麻烦，不仅是对自己，还有你的同事和上司。

且不说个人工作不到位将会导致自己返工改错、给同事的工作进度带来影响，普通员工的工作不到位往往也会给上司的工作带来许多不便。因为公司安排你去做的工作如果你不去做，作为你的顶头上司就很可能要去做；而如果你做不到位，你的顶头上司就很可能要帮你重做。要知道，公司花高薪聘请了你的上司，其成本远在你之上，如果你的工作屡屡要你的上司帮忙去补充、修正，那么公司的损失无疑会进一步扩大。因此，为公司的利益考虑，你最好还是尽力把工作一次做到位，这样不只是你的工作效率提高了，你的同事、上司的工作效率也会相应提高。

可以说，工作不到位所造成的隐性浪费是非常大的。比如说，本来一次就可以完成的简单工作，却由于工作不到位而出现差错，需要反复进行修改；本来一个人就可以承担的工作，却由于工作不到位而需要两名或以上的人手。这无疑增加了公司的运营成本，然而，现实中的这些情况却被人们用各种各样看似合理的借口掩盖了起来，导致在职场中一再发生，给公司造成越来越大的损失。

要想从根本上杜绝工作低效和浪费的现象，作为员工就一定要强化结果意识，并在此基础上优化自己的工作方式。首先，我们要拒做“老黄牛”型员工。虽然这类型员工在工作中付出了很多的辛苦和努力，但由于缺乏有效的工作方法，工作效率往往偏低。在市场竞争激烈的现代社会，企业需要的是能够为它创造优秀业绩的员工，而不是一天到晚辛辛苦苦、到最后却没有任何成效的员工。正所谓“条条大道通罗马”，每项工作都有很多方法和技巧，员工应该在工作当中不断地去摸索，找到最能出成果、最适合自己的那一套方法，这样才能大大提高工作效率，实现更好的业绩。

对于员工来说，想优化工作方式就要以最高的标准来要求自己，从而为企业创造巨大的收益。很多专家在研究沃尔玛成功的原因时，分析得出三个结论：一是沃尔玛拥有全球性的信息网络，能够及时有效地了解全球零售业的变化；二是沃尔玛拥有整体高效的成本分摊系统；三是沃尔玛员工提供了优质而无可挑剔的服务。在沃尔玛连锁店，每位员工都以最高的标准督促自己，他们的微笑服务、耐心、诚实早已是沃尔玛最基本的服务准则，可以说，这正是沃尔玛能够在零售业独占鳌头的因由。

再者，在工作中遇到问题不可避免，员工的工作就是要解决这些问题。可是，很多员工应对的措施却是把问题推给别人，他们有时会向同事请教，但更多的时候是把问题留给老板。他们要么认为老板比自己更有能力解决问题，因为他是自己的直接领导者；要么认为老板应该比员工更积极，因为那是他自己的公司。

但对员工来说，解决问题就是自己的职责，否则老板花钱请你来做什么？员工应该把问题看成是机会，努力借助问题来体现自己在公司存在的价值，发掘自己的潜能，而不是把问题原封不动地留给老板。一个经常为老板解决问题的员工才能让老板省心，得到老板的器重，因为他没有耽误工作，避免了给公司酿成大患，也让老板有更多精力去思考企业的发展大计。换句话说，如果你真正站在公司发展的角度去考虑，你就不会把问题推给老板，而是靠自己的力量去解决。

另外，很多员工在解决工作中的问题时，只是把问题从系统的一个部分转移到了另一个部分，或者只是完成了一个大问题里面的一小部分。他们这种只满足于小修小补的工作作风实际上就是没有把工作做到位，虽然从表面上看问题一时得到了解决，但问题的根源依然存在，过一段时间它还会反过来和你纠缠，这实在是一种费力不讨好的做法。要知道，行为的最终价值是实现结果，没有结果的行为是毫无意义的。在工作当中，任何问题都要一次性解决，这才是最经济、最有效的做法，不但可以消除很多的隐患，还能为公司节约成本。

在这个处处讲求实际、讲求成果的年代，每个员工都要树立起结果思维，在工作中立足现实，凡事不要想当然，而要依据客观事实做事，如此才不致误事。与此同时，你还要注意改进工作方法，不断创新，在认准了一项工作之后就立即去做，这样你才不致沦为过程的“奴隶”，用出色的结果换取不菲的薪水和很高的职位。

◎ 要善于借助团队合作的力量

在工作中，一个人无论他的经验多么丰富，能力多么超群，单凭他自己的力量都是很难将工作落实到位的。而只有融入一个优秀的团队，实现优势互补，才能达到落实的完美境界。可以说，将工作落实到位的捷径就是充分利用团队的力量，因此，如果你想要高效执行任务，最明智的做法就是让自己融入到团队中去。

我们所说的团队实际上并不是一群人的机械组合，团队成员之间的行为是相互依存、相互影响的。在强调分工合作和团队精神的现代企业，很多时候要想把一件工作落实到位，光靠一个人的努力是不够的，因为一个人的力量很有限，它很难突破环境的限制，因此还需要团队其他成员的配合。不管你想成为一个怎样的员工，都要记住这句话：智者找助力，愚者找阻力。让更多的人帮你成功，这才是一种高超的智慧。

而很多人之所以觉得在工作中遇到问题难以解决，就在于他只倚重自己的才华和能力，而不懂得去获得别人的帮助。有的人甚至由于为了突出自己，还把本来可以帮助自己的人赶走了。要知道，现代企业需要的不是罗宾汉式的独行侠，而是能够与组织内的其他成员精诚合作、共同进退的优秀员工。如果你善于同别人合作，即使自己能力上有欠缺，也可以取他人之长，补己之短，顺利地完成任务，否则就只有落败的下场。

严烨和李桦同是一家传媒公司广告部的业务员。一天，部门主管陈先生分别交给她们一项开发大客户的任务。由于任务比较艰巨，在离开主管办公室时，陈先生就特别嘱咐她们："如果有什么需要帮忙的可以打电话直接找我，在工作上要注意和其他部门协调。"

严烨的业务能力一向很强，她在广告部的业绩经常是名列前茅，她为此也常常感到骄傲。离开主管办公室后，严烨心想："咱们主管有什么能力！他只不过比我早到公司几年罢了，我解决不了的问题拿到他那里更没办法解决。再说了，开发大客户的任务怎么和其他部门协调？其他部门又怎么懂得这种事，凭我自己的能力和智慧就足够了。"

而李桦一向谦虚谨慎，极富团队合作精神。虽然她的能力稍逊严烨一筹，却往往能凭着这种精神取得良好的业绩。离开主管办公室后，李桦就到企划部和售后服务部跟大家打了声招呼："过几天我可能有一些问题要请教大家,希望大家多多关照哦！"她知道严烨一向目中无人，但如果自己想提高业务能力还是要向她学习。另外，不到万不得已的时候自己不会去麻烦陈先生，但在客户沟通等方面确实需要他的鼎力支持。

这次的任务确实比以前艰巨得多，但通过向严烨学习、陈先生的帮助以及公司其他部门的配合，李桦超额完成任务，获得了和其他部门的优秀员工一起到新、马、泰免费旅游的奖励。而严烨虽然也联系到了一些大客户，但由于缺乏其他部门的支持与合作，一些客户订单不幸中途夭折了，她不禁感叹："这些大客户越来越难对付了。"最后她只能联系一些小客户以补偿自己在这次任务中的损失。

在工作中，这样的例子不可胜数，有些人自恃聪明、能力强而忽视和别人之间的合作，结果一败涂地。要知道，在这个竞争激烈的年代，组织内的任何一个成员想要顺利完成上司交代的任务，都必须注重与其他同事和各个部门之间的合作，个人的英雄主义往往最后都成了"烈士"。保罗·盖蒂就说："我宁可用100个人每人百分之一的努力来获得成功，也不要用我一个人百分之百的努力来获得成功。"

想想看，我们的老板为什么要雇用那么多的员工来和他一起工作呢？要知道，在开始创业的时候，老板也是从最小、最简单的事情做起的，但随着事业的发展，他渐渐觉得单凭一个人的力量已经无法完成这些工作，他需要别人的帮助。于是，他开始雇用员工，而且人数越来越多，公司的规模就这样慢慢壮大了。

一个人即使有天大的本事，要想成就一番事业，也必须获得大家的支持和帮助。在荷兰就有这样一句格言："靠一根手指，连一个石子也拾不起来。"每个人都有自己擅长和不擅长的领域，而一个人就算再聪明也有可能出现思想的短路。学会拉起别人的手来做事，工作才会更高效，才能共创辉煌！

◎ 圆满是落实责任的最高境界

工作中所谓的"圆满"，就是不仅要做完一项工作，还要将工作做得无懈可击，让人挑不出任何问题。这就意味着你不仅要完成任务，还要为企业求得良好的品牌效应，正犹如锦上添花一般，要让事情达到最理想的效果。

然而，很多员工在落实工作时，往往只注重任务完成的本身，或是过于强调以最小的投入获得最大的产出，结果单个的任务虽然完成了，但由于一些细节处理不当，从而给自己或企业带来一些负面的影响，甚至有可能得不偿失。

要想将责任落实到位，你在内心必须有一个很高的标准，而不能只有一般的标准。在决定做一件事情之前，要进行周密的调查论证，并广泛征求上级与同事的意见，尽量把可能发生的情况都考虑进去，以避免那 1% 漏洞的出现，直至达到预期的效果。对于员工来说，苛求细节才能造就完美的落实，唯有圆满才是执行的最高境界。

那些优秀人物往往具有一个共同的特点：他们从不放过任何一个细节，并且会尽自己最大的努力把事情做到极致和完美。大雕塑家罗丹就是因为有着这样注重细节、对工作精益求精的精神，才使自己的作品达到完美的境界，备受世人喜爱和推崇的。

而在国内众多的企业当中，海尔毫无疑问是将执行做得最圆满、最到位的“明星企业”之一。海尔一直强调向客户提供“五星级服务”，为了保证这一目标的实现，海尔提出了著名的“一、二、三、四”法则，即一个结果：服务圆满；二个理念：带走用户的烦恼——烦恼到零，留下海尔的真诚——真诚到永远；三个控制：服务投诉率小于10PPM（十万分之一），服务不满意率小于10PPM，服务遗漏率小于10PPM；四个不漏：一个不漏地记录用户反映的问题，一个不漏地处理用户反映的问题，一个不漏地复审处理结果，一个不漏地将处理结果反馈到设计、生产、经营部门并追究责任。

在这个法则中，“服务圆满”是最核心的内容，在海尔人眼里，服务圆满是执行的重中之重，而“带走客户的烦恼，留下海尔的真诚”则是执行圆满的最佳体现。我们可以看看海尔人是如何做到这一点的。

丁永强是海尔青岛工贸公司的售后服务员，他曾用一节电池为海尔“换来”了26台空调的订单，在公司内部一时传为美谈。

事情的经过是这样的：一天，丁永强接到青岛市区一个用户的电话，说自己家里的冰箱不通电了。他随即赶到用户那里，经检查后发现，原来故障是用户家里的电插座松动所致。

花了不到两分钟的时间，丁永强就将问题解决了。接下来，他又将用户家里所有的海尔电器进行了全面检查，结果发现燃气灶有了点儿小问题，要打几次火才能点着。尽管用户表示没关系，说燃气灶用久了都这样，但丁永强还是细心地又检查了一遍，并告诉用户：燃气灶没问题，是电池没电了。

看到用户家里没有备用的电池，又考虑到用户只有一个人在家，出去不太方便，丁永强就自己下楼买回了电池。果然换上之后，燃气灶一点就着了。这时，丁永强又发现火焰是黄色的，很显然出气孔需要清洗了，于是他又细心地将燃气灶的出气孔道清洗了一遍。这样等到再点火的时候，火焰就变成蓝色的了。丁永强的这些举动被用户看在眼里，真是非常的感动。

刚从用户家回去，丁永强就又接到了这名用户的电话。他以为用户家里的电器又出了问题，结果用户却说："我家新开了一个旅馆，需要26台空调，决定也买你们海尔的，你帮我联系吧！等装修后，我再找你买26台彩电……"

从这一事例中，我们看到了什么叫做执行的"圆满"。在海尔人看来，圆满并不只是简单地帮客户解决问题，而是要全面地、彻底地为客户解决问题。丁永强就是因为处处注重服务的圆满，处处为客户着想，耐心、细致、全面地为客户解决问题，才用一节小小的电池"换来"了客户26台空调以及往后可能还有的26台彩电的订单。

执行中任何一点的不圆满，都会给企业或个人带来负面的连锁效应。不给工作留后患，即使连客户和老板都认为是无所谓的小问题，也要彻底搞清楚，不管费多大的劲都要给它纠正过来。作为一名员工，如果你也能做到这样，那么就不难达到"圆满"这一执行的最高境界了。

三、坚决服从，无条件无折扣无借口

◎ 服从是员工的天职

现实中，每一份工作都需要具有较强执行能力、懂得服从的员工来完成。没有服从就没有执行，服从是一个团队能够运作的前提，一些公司在聘用重要职位的人才时，都会特别考虑这一点，比如说："他懂得服从吗？""他会不会坚持把工作做完？""他是否有始无终、只说不做的那种人？"……其基本目的都是为了想要弄清楚应聘人员是否具有服从大局的意识。

在美国西点军校有一个根深蒂固的理念："不会服从，就不会领导；没有服从的激情，就没有命令的威严。"本着这一理念，西点军校将学会服从作为训练合格军官的第一步。不但在军队中如此，企业在组织生产和运作的过程中，也同样要求员工具有遵守纪律和绝对服从的精神。

在一个团队中，每个成员都可能有自己的意见和想法，但团队的目标高于一切，当个人意见与团队的整体目标相冲突时，个人就要服从团队的决定，无条件地作出牺牲，否则，企业没有了统一的目标，没有了在统一目标下执行不止的服从精神，就不会有强大的凝聚力。因此，作为团队成员，我们一定要心朝一处想，劲往一处使，共同推进团队目标的实现，共同打造一支最佳的团队。

在团队中，每个职员都会有明确的职责分工，但在团队需要时，你还应该担当起本不属于你的角色，做自己并不擅长或者根本就不愿意做的事情，团队的利益高于一切，你必须适应这种调整。随着团队目标的不断变化，你个人的角色也在不断地转变，不管你被安排在什么位置，做什么样的工作，你唯有服从、尽职尽责地把工作做好，才能使团队的整体效益得到最充分的发挥。

正如西点的一位上校所说："我们不过是枪里的一颗子弹，枪就是美国整个社会，枪的扳机由总统和国会来扣动，是他们发射我们。"这句话十分透彻地表达了服从的意念。作为员工，我们都只不过是随时待发的一颗子弹，领导什么时候扣动了扳机，我们就要毫不迟疑地冲出枪膛，直击目的地，因为那是决定，是命令！

在一次由众多企业老总参加的管理沙龙上，主持人做了一个测验，要求参与人员在20分钟内将一份紧急材料送给《羊城晚报》的社长，并请他在回条上签字。主持人特别声明：不得拆看信中材料。

在这次测验中，有一名参与者大胆地打开了资料袋，发现竟然是个空信封，便提出了若干批评意见。主持人遂问各位受邀的嘉宾："作为一名执行者，你认为他这样做对吗？"

在场的企业老总一致认为："打开信封是不对的，绝对不能看。"

由此可见，企业管理者是非常看重下属的服从意识的。作为一名下属，接受了任务就意味着作出了承诺。不管有什么样的理由，你都不应该违背自己的承诺，一定要服从到底，执行到底，这样你才能成为最受老板欢迎的优秀员工。

事实上，服从上级决定和命令的习惯不仅能让个人变得敬业，更能强化整个团队的协同作战能力。试想，如果团队中的每个成员都具有绝对服从的精神，对每项任务都能认认真真、兢兢业业地去完成，那么这个团队的力量将会是何等的强大！团队就如一部机器，只有所有的零件性能完全优良，机器才能运转自如，而当各个零件的性能都很优越时，那么整个机器的性能就会大大地提高。

在团队中，各自为政的无政府主义不但会毁掉个人的前途，还会摧毁整个团队的战斗力。没有服从精神的团队，势必像一盘散沙，没有任何的凝聚力和向心力，也发挥不了任何的作用，作不出任何的业绩。对分配的工作百般推托的员工，只会令老板徒增烦恼；当在一个决策点上有太多的想法时，等于没有想法。在这时候需要的只有一个声音，那就是服从！

服从不仅是基层员工的天职，也是中层管理者的天职，甚至是董事长或总裁的天职。因为无论在哪个机构，领导者的权力都是有一定限度的，即使他的地位再高，也必须向另一个更高的权威负责。美国参谋长联席会议主席必须向三军总司令即美国的总统负责，而总统又必须向国会及全体国民负责。所以说，服从的意识必须存在于每个人的内心。只有每个人都忠实地履行自己的职责，对自己的团队负责，团队才有存在下去的希望和必要，社会也才有不断向前发展的可能和意义。

在工作中，不管领导的决策是否正确，我们都必须坚决执行自己的任务，因为企业的整体利益不允许任何个人独断专行。一个高效的企业必须有良好的服从观念，一个优秀的员工也必须有良好的服从意识。只有下属无条件地服从领导的决定，团队在达成共同目标时才不会产生阻碍，并发挥出超强的执行能力，创造出一个又一个辉煌的业绩。

◎ 执行任务前，要先学会服从

现实中，当老板安排一项任务让员工去执行时，通常会看到员工有三种反应，第一种是："好的，我一定完成任务"，然后立即行动起来；第二种是："好的，我会尽力的"，然后可能将任务放到一边，等老板问起后才想起来要去做；第三种是："这样的工作我以前没做过，小李有这方面的经验，让他去做是不是更好些？"

在接受任务时，选择"好的，我一定完成任务"，然后立即去做的态度才是真正服从的态度。可以说，无条件地服从是一种责任，是对工作高度负责任的表现。因为没有服从就没有执行，良好的服从精神是确保任务被不折不扣、有效执行的前提。那么，何谓服从精神？服从精神就是对上级下达的指令和任务欣然接受并毫无怨言、全力以赴地去贯彻执行，就是不讲条件、不问原因、不计较报酬、不折不扣地落实完成，就是无论遇到多大的困难和阻力都会恪尽职守、想尽一切办法去达成目标。

在公司内部，员工服从领导的安排是上下级开展工作、保持正常工作关系的前提，是上下级和同事之间融洽相处的一种默契，也是领导观察和评价下属的一个尺度。在团队协作的过程中，如果成员不能无条件地服从上级的指挥，那么在实现团队共同的目标时就会产生一些不必要的障碍，从而削弱整个团队的执行力，很有可能使任务不能圆满完成。与此相反，当团队成员都具有良好的服从精神时，整个团队就会发挥出超强的执行力，使之战胜一切困难和阻碍，为企业的发展壮大提供最有效的保障。

阿强和晓明是太平洋渔业公司的两名员工，该公司的总部设在北京。由于他们英语口语十分流利，总公司决定派他们协同公司的一名副总经理到太平洋上的岛国马尔代夫去建立分公司。

接到任务后，阿强很是沮丧，他对晓明说：“我们向总经理提出抗议吧，到马尔代夫去建立分公司，派副总经理和其他人去不就行了，干吗让我们也去受那份罪呢，公司会讲英语的人也非常多呀！要知道，马尔代夫可是个弹丸之地，听说在那里有钱都没地方花！”

想到这里，阿强立即给总经理打了电话，明确表示自己不愿意去马尔代夫，而要求继续留在北京。总经理当即回答说：“年轻人，既然你不愿意去马尔代夫，那么明天就上人事部听从调遣吧！”第二天，当阿强一头雾水地走进人事部办公室时，人事经理递给他的是一纸由总经理亲自签发的解聘书。

而晓明呢，他在总部做好工作上的交接后，便随副总经理去了马尔代夫。由于人手不够，他既是分公司与当地政府的联络员，又是后勤管理人员，有时公司的渔船回到码头，他还得上船当搬运工。但对于这一切他没有丝毫的抱怨，而是坚决地服从着，认真执行上级的每一道工作指令。由于他的出色表现，填补了由阿强造成的人手短缺的不便，马尔代夫分公司很快步入了正轨。

一年后，晓明被总公司任命为马尔代夫分公司的经理，而此时的阿强还在北京的人才市场上找着工作。

没有员工的服从，企业任何绝佳的战略和设想都不可能被执行下去；没有员工的服从，任何一种先进的管理制度和理念都无法得到有效的贯彻落实。在公司内部，每一位员工都必须服从上级的安排，就如同军人必须服从自己的上级的指挥一样。服从是行动的第一步，作为企业的一分子，你要认识到自己是组织内部运行环节中的一个重要部分，只有所有员工都严格遵照指令做事，才能确保整个组织业务流程的正常运转。那些纪律松懈、服从意识差的人，往往是老板最感头疼的“刺头”人物，他们迟早会被老板像“眼中钉”一样地“拔掉”。

但服从也要讲究艺术，它绝不是不动脑子的盲从，也不是被动的听从，而是自动自发地服从，是发自内心地相信自己能够圆满完成任务，而不是迫于各方面压力的服从。有的人肯动脑子，会表现，主动出击，结果常常让老板满意地感受到他的命令已被圆满地执行。而有的人却只把老板的安排当做应付差事，被动地服从，不重视信息反馈，甚至“斩而不奏”，结果常常事倍功半。

服从意味着你必须暂时放弃个人的异议，约束自己去听从老板的安排。作为一名下属，你没有权力去判断老板的对错，绝不能自作聪明地以为老板的指令不正确、不合理而不去执行，一旦这样做就无法保证接受任务不走样。你应该相信自己的上级，并尽快适应上级的领导方式，这样你在执行指令时才会感到得心应手。

◎ 准确领悟上司的意图

工作中经常会出现这样的情况：一边是怒气冲冲的上级：“怎么搞的？我不是明明交代过了吗，你怎么把事情搞成这样？”一边是委屈不已的下级：“我明明就是按你的要求去做的啊，怎么就不对了呢？”看起来似乎各有各的道理，问题到底出在哪里呢？很重要的一点，就是员工接受任务走了样。很多人根本没有领会到上级的意图，就匆匆忙忙地开始执行任务，那么很显然做出来的不是老板想要的结果。

在接到任务时还没有明白为什么要做、应该怎样去做就开始按照自己的想法贸然采取行动，这样在接受任务的时候已然走样，结果又怎么可能正确呢！最后不但给公司造成损失，自己也会面临被炒的危机。

准确领会老板的意图最能体现一个员工的执行水平。我们经常听到老板说某某“悟性好”，也经常听到老板抱怨某某“死脑筋”，其奥秘即在于此。要想执行任务不走样，在接到任务之后，你就要仔细想一想，领导为什么要让我做这件事？我该如何去做才能让领导满意？如果没有这一思考过程，执行就很容易出现偏差。

要完成一项任务，明明有很多种方式，为什么非得要按老板的方式去做呢？这种想法从某种程度上来说并没有错，而且很多时候执行也确实需要灵活性，但这有一个前提，就是必须建立在充分领会老板意图的基础上。对于员工来说，只有经常紧跟着老板关心的敏感点进行思考，才会有把握准确地领会老板意图，并在工作思路方面具备超过别人的可能性。一名优秀的员工不仅能把领导明确安排的事情理解透、不折不扣地执行，即使领导没有明确说出来的事项，他也会站在领导的角度多想一想：自己如何才能做得更好。

很多时候，老板的安排都有他的一番用意，遇到不明白的地方，一定要多问一问，特别是在改变领导决定的时候，不要自己“想当然”地自作主张，而要懂得及时请示领导，否则只能是费力不讨好。

现实中，有些人在接受任务时即使没听清楚、不理解也不愿意问，有的可能是对上级存在畏惧心理，不敢问；有的是怕问了，会让上级觉得自己那么笨，连这么简单的事情都理解不了，因而对自己产生不好的印象。但你要知道，作为一名员工，你有把事情做好的责任。与其到最后把事情做错了、造成了损失再去后悔，不如第一次就把事情弄清楚、做到位，反倒落得个轻松。

作为一名上级，他是不可能把做每件事的意图都跟下属解释得一清二楚的。因此，身为员工就必须多想、多问，你将上级的意图体会得越明确、越深刻，执行起来才越不会走样。

◎ 执行，请放弃任何借口

现在的很多企业都推崇员工的执行力。执行力，顾名思义就是指政策的落实程度。任何一个好的政策如果不能得到有效的贯彻落实，那也只能是“水中月”、“镜中花”。

一个受企业欢迎的人，必然是一个主动服从的人，因为，只有服从才能不折不扣地去执行，没有服从就谈不上执行。某集团董事长曾经这样说：“我最不喜欢的员工，就是那种你对他说了很多事，他往往只会说行，知道了，但是最后做的结果根本不是那么回事，或者根本没有去执行的人。”

服从的本质，就是无条件地遵从上级的指示。服从者必须放弃个人的主见，一心一意地服从其所属组织的价值理念和指令。一个团队，如果下属不能无条件地服从上司的命令，那么就很难达成共同目标。

一个高效的企业必然有良好的服从理念，一个优秀的员工也必须有服从意识。因为所有团队运作的前提条件就是服从，从某种意义上可以说，没有服从就没有一切。一个优秀员工不但把公司规定的职责执行到位，而且能根据具体的市场状况向上级提出更多的合理有效的意见，在执行的时候能更加吻合公司的意图，并且提高效率和节省成本。

对上司已做了决定的事情，理解了要服从，不理解的也要坚决服从，努力执行，绝不表现自己的小聪明。另外，你还要学会去体谅老板。如果你能换位思考，站在他的角度上去看问题，就会更好地理解到有时老板的言行不一定是对下属的苛求，换了你可能也会一样。

要做到更好地服从，不仅要对其企业的价值理念、运行模式等有一定的认识，还要清楚自己与组织权限的范围。一些表现出色的员工以为个人地位高过了公司，他们可以随心所欲地处理问题，而不必听从上级领导的指派，这对于公司的整体发展无疑是不利的。

我们每个人都不可能脱离社会或者某一个团体和组织，而集体的利益总是要大于个人利益的，我们必须学会维护集体的利益而去绝对执行。执行不仅是为了企业而做，更是为自己而做，为企业而做最终也就是为自己而做。不仅人生如此，工作也是如此，如果你总是沉迷于索取与回报，那么你最终会一无所获。

有的员工因为自己的利益没有得到完全的满足。如，由于自己的奖金比别人少，房子比别人小甚至没分到，或者评职称不如意等，就有可能抵触之情顿生，大有剑拔弩张之势，就以领导的决策与自己有根本性分歧，或领导交办的事情对自己并无好处为由，而不愿执行领导的决定。

全力而迅速地执行任务，这是一个非常重要的指标，是管理效能的一个非常重要的方面。只要你身为公司的员工，你就要谨记一点：你是来协助上司完成经营决策的，不是由你来制订决策的。所以，你应该全心全力去执行上司的决定。

为了保障公司计划或方案的有效执行，必须保障指挥者的权威地位，所以，积极配合其工作才是上策。在服从领导决定的同时，主动献计献策，既积极配合领导工作，表现出对领导的尊重，又能适当展现自己的才华。如果有不同意见，可以在领导没做决策前提出建议，一旦领导决定了，就要坚决服从。“令行禁止”的企业才有高效率，才有竞争力。

“服从第一”的理念如果不能渗透到每个员工的思想当中，公司是没有发展前途的，在市场竞争中一定会失败。一旦制度和战略形成，任何人都必须百分之百地支持和无条件地服从，甚至管理者也不得寻找任何借口。如果一个企业缺乏服从的习惯，那就会造成执行力下降、效率低等后果，这个企业自身也终将被竞争者淘汰出局。

◎ 执行任务不要打折扣

我们知道，为了夺得市场更大份额的蛋糕，现在的商家经常有一些促销打折的活动，以吸引消费者。商家的这种做法确实能给他们带来实际的利益，我们也无可厚非，但在职场中，如果你执行任务爱打折扣，结果则不但使公司的利益遭受损失，还会阻碍你在职场的发展，透支你的前途。因此，我们在工作中要本着服从第一的原则，本着高度负责的精神，百分之百去执行老板交代的任务。

很多员工在接受任务时，往往会持一种怀疑的态度。他们对任务的可行性和结果充满疑虑，认为老板在布置任务时有欠考虑，从而产生一种抵触情绪，不免要跟老板讨价还价。事实上，老板的意图员工不可能都明白，员工自己认为对的也不一定就是对的。另一方面来说，老板的决定是要经过实践来检验的，你都还没有去做，怎么能对结果妄下结论呢？当然，你可以善意地提醒你的老板，你也可以尽量地去了解执行任务的背景，但不管最终的结果怎样，都不是你要考虑的问题。

作为一名员工，在任务面前你唯有不打折扣、全力以赴地去执行，才会成为企业最需要的员工。

小张在一家生产洗发水的工厂做推销员。为了让产品打开销路，老板派他去一个非常偏僻的地方开拓市场。事实上，在这之前，老板也曾把任务交给另外两名员工去执行，但他们一致认为那里经济非常落后，根本没有市场潜力可言，因而相继推托了。

小张在接到这一任务后，也曾满心疑惑，但老板坚执让他去调查一下那里的市场情况。小张不好再说什么，就带着样品独自出发了。他想，不管结果怎样，咱都得给老板一个交代。因此，小张一刻也不停歇，到达目的地后就开始走村串户，又到当地唯一的市镇上去调查了一番，结果发现这里人洗头发时用的都是原始的皂角。当地既没有生产洗发水的厂家，外地也很少有厂家关注这个地方，人们对他带去的样品非常感兴趣。而更令人欣喜的是，那里的经济并没有人们想象中的那么落后。他为这个发现兴奋不已，于是，在经过了一个月的辛苦跋涉后，小张带着几大笔订单回到了公司。

小张在出发之前，虽然也觉得公司产品在那里没有什么销路，但是，他的头脑里有着服从意识，有着接受任务后要不折不扣地去完成的信念，因此，他选择了前往市场，并全力以赴地去开拓市场，最后他竟取得了意想不到的圆满结果。

还有很多人认为，在工作中做到90分已经算是很好了，没有必要凡事追求完美，非得做到100分，那样未免太折腾人了。殊不知，在工作中如果我们执行任务时出现1%的差距，就有可能导致结果上100%的差别。因为在我们手中存留的那1%的瑕疵，到客户手中就会是100%的不合格。一旦客户对我们的产品失去信心，我们所在的企业就无法生存，这样最终还会影响到我们个人。而即使企业不倒闭，以我们现在的工作态度，也无法适应职业发展的需要，从而在职场失去竞争力。

执行任务不打折扣，就是要百分之百地去执行。而执行得是否到位，还要看我们细节上的功夫。同样的一件事，张三能做，李四也能做，但做出来的结果却可能大相径庭。为什么？因为张三粗枝大叶，而李四心细如发，张三做什么都是眉毛胡子一把抓，不注重细节，而李四做什么都钉是钉，铆是铆的，对事情条分缕析，在细节上做到位了，结果自然大不一样。

执行任务不打折扣的另一层含义，就是争取把问题一次性解决。拖泥带水不算是解决问题，相反还会滋生新的问题，而要想把问题一次性解决，我们就要确保工作过程中的每个环节都不出现任何的差错。如果不能做到这一点，那么即使是你认为无关紧要的小问题，其带来的后果也可能比你想象的要严重得多。因此，我们在执行任务时，有了问题就要尽快解决，否则等到变成大麻烦时，我们想要弥补都已经来不及了，必将贻害无穷。

优秀的员工在接到任务时，会花费大量的时间和精力，去研究将工作做好的各种机会和可能性。他们在工作中高标准、严要求，不放过任何一个细节，不遗留任何一个问题，他们在给出令老板满意结果的同时，在不知不觉中也提升了自我，取得了更大的进步。

作为一名员工，在任务面前我们要抱着这样的态度：接受任务时，我们要很干脆，行还是不行，只是一句话的事；向老板复命时，我们也要很干脆，成还是不成，还是一句话的事。总之，我们在任务面前没有折扣可谈，那样的话只会遭到老板的冷遇，而谈来谈去的结果，也要将自己“弹”出公司大门外。

◎ 解决问题而不是抱怨困难

当在工作中遇到困难时，有些人选择了抱怨和逃避，而有些人却能直面问题，想到办法去解决。不可否认，个人的资质有高低、能力有大小，对于工作中的难题，你不一定能够完全解决得了。但你要明白，工作就是要我们不断解决问题的，企业的发展也是在不断解决问题的过程中实现的。抱怨和逃避于事无补，相反只能让你成为职场上的懦夫，因此，无论你的资质和能力如何，面对问题时你都要摆正自己的心态，不抱怨、不逃避，让自己做一个迎难而上的勇者。

可以说，成功者与失败者之间最大的差别就是他的思想更先进，方法更灵活。他不会在抱怨上浪费时间，也不会一遇到困难就打退堂鼓，他把所有的能量都集中在了解决问题上。因为他们明白，无论抱怨还是逃避都不能使问题变小，或者自动消失，相反，抱怨和逃避只会拖延时间，使问题无限扩大，最终让自己成为问题的制造者，成为问题的一部分。

“与其诅咒黑暗，不如点起一支蜡烛。”这句话是克里斯·托弗斯的座右铭，它也应当成为指导我们工作的一条准则。当问题来临时，所有的推托、指责和抱怨都远远不如及时解决问题来得更实际。抱怨不是解决问题的方式，任何一个人也都不会因为抱怨而获得奖励和提升。你唯有采取断然的行动，积极应对困难，才有可能将危机转化为契机，成功地将局势扭转。

对于我们来说采取行动也许有些冒险，因为解决问题必然需要进行艰苦的思考，花费不少资源和时间，但“什么都不做”却是最大的风险。美国一位金融机构的负责人曾这样和他的同事谈论关于冒险的问题：“有时人们对我说：‘我不想冒险。’我就跟他们说：‘最好还是冒点险吧，因为在本栋大楼中，此刻有十几个人正坐在电脑前，企图把我们干掉！’”由此可见，在竞争激烈的市场环境中，一个公司要想在市场上站稳脚跟，会面临各式各样的问题的考验，公司里的每一个成员都有责任解决好个人工作上的问题，也有义务与同事齐心合力解决团队中的共同问题。因此，无论是你在本职工作中遇到的难题，还是公司分配给你的临时性任务，你都没有理由抱怨，用心解决问题才是当务之急。

李珍是一家公司的话务员，她的工作就是负责与公司的意向客户进行电话沟通。刚进公司时，老板告诉李珍说，是否能够促成订单并不与她的工资直接挂钩，她的工作主要就是给来电咨询的人介绍公司的基本情况和主要产品，并建议他们与公司的销售部门联系。对于这样稳定而又轻松的工作，李珍暗自庆幸。她每天只是按部就班地工作，接电话时都是按照公司规定的礼貌用语，一点儿也不费脑子。

然而，两个月后，部门经理却对她提出了警告："客户都反映说，你们公司接电话的那位小姐态度冷淡，对业务知识不熟悉，工作态度不认真。你知道吗？因为你的原因，公司丢失了多少客户？在与客户交谈时，一定要表现出你的亲切和热心，另外对公司的产品你也要了解透，不要一遇到客户提问就把他推给销售部门。作为公司员工，每个人都必须为公司的效益负责。你必须好好改进你的工作方法，增强责任心，为公司争取每一个客户。现在你回去认真反省一下吧，在以后的工作中千万不要再出现类似的情况，否则公司就只能解雇你了。"

挨了部门经理的一顿批评，李珍很是不满，回到办公室开始抱怨："领导的指令变来变去的，让人无所适从。前几天还只要求我接待来电咨询，现在又要求我去争取每一个客户。我又不是销售人员，凭什么要我去'争取每一个客户'？再说了，公司产品质量要是过硬的话，早就畅销了，还需要我去努力争取吗？"

同一办公室的老刘工作能力强，人缘也好，他听了李珍的一通抱怨，微笑着耐心地开导她说："小珍，依我看这就是你的问题了。一个员工的职责并不仅仅是《员工手册》上列出的那几条，也不仅仅是做好上司安排的各种事务，而要从整个团队的角度考虑自己的工作。作为个体的员工，他工作中的每一件事情，都是公司的事情；而公司的事情，也是他自己的事情。因此在面对问题时，不要只知道把它推给同事或老板，而要尽自己的一份力，努力解决它。只有这样做，一个人才能不断发掘自己的潜能，提高工作能力。”

听了老刘的一番话，李珍有如醍醐灌顶，心中豁然开朗。她认真思考了工作中存在的问题，并在工作过程中用心体会。没过几天，她就发现自己像是变了一个人似的，在接电话时，她不再机械地背诵礼貌用语和产品介绍，而是真诚友善地倾听每个来电咨询者的讲话。一段时间后，李珍对自己的工作越来越有兴趣了，介绍产品时总是妙语连珠，对客户提出的问题也能很好地解答。这样一来，公司的客户明显增加，部门经理非常满意她的工作表现，就向总经理请示，凡是由李珍经手的客户，都给她一定的分成。李珍不仅收入增加了，更重要的是，她在工作中还感受到了乐趣。

当在工作中遇到问题时，如果你不去正视它，解决它，而是一味地抱怨，不仅于事无补，而且还势必影响到你的同事和上司。因为你的工作只是整个团队工作中的一环，你这一环的问题没有解决好，那么其他环节受到影响在所难免。因此，你要做的就是积极主动发现问题、解决问题，而不是抱怨周遭的环境，被动等待问题的影响波及其他同事。

抱怨困难实质上就是逃避现实，而有些人却认为面对现实就是提出问题，而不是解决问题。这是有欠考虑的态度，也正是逃避问题的一个重要因素。现实常常没有你想象的那样糟糕，困难和历练带给你的财富也往往是一帆风顺所无法比拟的。积极地去解决问题，然后你会发现，问题在你那里很容易地就被解决掉了。

要想解决问题还需要一个良好的心态，如果你是被动地、勉为其难地去解决，这样你在内心深处实际上并不相信自己有解决问题的能力，当遇到挫折时，你就又会回到抱怨的老路上去。任何一项成就的取得，都是解决问题的结果。想让自己与众不同，想让老板认为你是一位出色的员工，就要对自己充满信心，勇敢迎接问题的挑战，在老板面前表现出可以独当一面的能力。

四、拿出业绩，给老板最想要的结果

◎ 拿业绩说话，对结果负责

在生活中，我们常说不应该太计较个人的得失、凡事要顺其自然等，这是一种豁达的态度，是值得提倡的。但在工作中，“不以成败论英雄”、“关键在过程，而不在结果”则是不对自己的工作结果负责任的借口，要坚决予以摒弃。因为企业要的不是员工的工作过程，而是他们的工作结果。

企业发展的关键在于结果。只有从员工的工作结果中得到利益，企业才能获得不断发展的源泉，而没有最终的利益，一切就都是白搭。因此，在工作中不要只强调“我完成了工作任务”，而要重视工作最终的完成情况。对于员工来说，完成任务不等于有了理想的结果，任何规则和程序也都必须服从和服务于结果，只有结果才是一切工作的要务！

承担责任一个重要的原则就是对自己的工作结果负责，在企业里也只有那些勇于承担、为自己的行为结果负责的人，才能最终赢得老板的信任和器重。但在工作中会常常出现这样的情况：你的出发点很好，做事的过程也可以说是接近完美，但结果却不尽如人意。我们来看一个事例：

一位颇有身份的欧洲女士来华访问，下榻在一家高档酒店。酒店以贵宾的规格来接待这位女士，她对酒店细致周到的服务也感到非常满意。为了表示对远道而来的欧洲客人的特别欢迎，这家酒店的总经理还主动提出要送给这位欧洲女士一件有中国特色的服装——旗袍，并请来裁缝为她量身定做。女士非常高兴，一再感谢总经理的盛情款待。

两天后，旗袍赶制完工了，总经理亲自将这件漂亮的丝绸面料的旗袍送到女士手中。原本以为是一件皆大欢喜的事情，但没想到这位女士在接到旗袍后却面露愠色，最后才勉强收下了。而更出乎意料的是，这位女士在离开酒店的时候，并没有将那件贵重的旗袍带走，而是很随便地将它扔在客房的角落里，就如同垃圾一样。

酒店的总经理对此很不理解，他无论如何也弄不明白，这位女士的态度为什么前后反差这么大。后来他经过多方打听，才弄清其中的缘由。原来，那位女士走在街上的时候并没有看到有穿旗袍的，而酒店餐厅里的服务员却都穿着清一色的旗袍，于是她误以为旗袍是服务员的专用服装。总经理没有想到这一点，贸然送给她一件旗袍，让这位女士觉得酒店对自己非常不尊重，对此很是生气，临走时干脆就把它丢到了一边。

搞清楚状况后，酒店的总经理懊恼不已，觉得自己真是好心办了坏事。本来是想表达自己对客人的尊重的，结果却恰恰相反，没想到引起了客人的误会。

可以说，这位酒店总经理的初衷是好的，但为什么没能得到别人的理解呢？其实关键就在于，他没有考虑到这位欧洲女士有可能并不了解中国的服装文化，如果他跟这位女士进行沟通，并详细介绍一下旗袍的历史，这样的误会也就不会发生了。最后导致如此的结果，完全在于这家酒店的总经理没有做好解释工作。因此，做事先考虑结果，再去衡量动机，才是一种成熟的做法，也才能达到预期的效果。

身为一名员工，就一定要在工作中树立结果思想。当一件事情做完后，即使你有一千、一万个理由，也不能减少别人对你工作结果的关注。或许你工作起来很努力，但如果是像“老黄牛”那样只顾着“低头拉车”，而很少“抬头看路”，工作没有目标和方向，便会常常陷入传统的定式思维中，自设陷阱和障碍，迷迷糊糊的转不过弯来，不懂得创造性地去工作。这样费力不讨好，也是对工作不负责任的一种表现。

只有对结果负责才是真正对自己的工作负责。而当你做错了事、没有得到预期的结果时，最负责任的态度就是老老实实地认错，并想办法加以补救，而不是去为自己开脱和辩解。当你这样做时，得到老板原谅的机会也会大大增加。那些不愿意对自己的工作结果负责的人，或许老板觉得你还有别的长处可以利用，从而不会当众揭穿你推卸责任的行为，但在他的心目中，早已将你归到了不可靠的员工行列。

对自己的工作结果负责，就是要求你有一个明确的目标，做事不注重过程的完美而看重结果的圆满。所有的企业都需要靠结果来生存，而结果是需要每一个员工去全力创造的。无论你的动机多么美好、过程有多么的天衣无缝，没有理想的结果就是百分之百的失败。因此，作为一名员工，与其摆花架子、空喊口号，不如创造实实在在的业绩，真正对你的工作结果负责！

◎ 业绩决定你的个人价值

在职场中，有很多人老觉得自己应该拿多少多少钱，却很少去想自己值多少多少钱。很多刚毕业的大学生也有着同样的问题,但在现实中，不是我们想拿多少、觉得自己应该拿多少就可以拿多少的。我们对公司的功劳大小直接决定着我们薪水的高低，也体现了我们个人价值的大小。作为一名员工，无论你在别的方面表现得如何出色，如果你拿不出实实在在的业绩，那么一切都是白费，你在公司的价值仍然体现不出来。要知道，当今的企业就是以业绩论英雄的阵地和战场。

在公司，老板考核员工能力的唯一标准就是业绩。如果你的业绩出色，那么老板就会觉得雇用你是“物有所值”，他自会心甘情愿地付给你薪水。但在工作中,很多人持有一种“只看过程不看结果”的思想，抱着一种超然的态度，其结果往往是不能圆满地完成工作任务，作不出好的业绩。要知道，这样的付出只是一种无用功，只是在白白浪费资源，包括你个人的和公司的。市场竞争是如此的惨烈，不管你曾经付出了多少心血，只要你拿不出业绩，老板便看不出你在公司存在的价值，就会觉得付给你薪水纯属是浪费金钱。等到老板失去耐性的那一天，就该是你离开公司的时候了。

或许你要说，你有着很高的学历，头顶某某大学研究生、博士生的光环，你才高八斗、学富五车，但美丽的光环从来都只是给人看的，而所谓“书生遇到兵,有理说不清”,才学也并不一定就能解决实际问题。你只有在工作中让自己的所学发出光、发出热，把自己的知识技能变成公司所要的实实在在的价值,老板才会为你的学历和才干埋单。否则，如果你拿着本科生的学历，去给一家公司看大门，你还指望这家公司能付给你相当于一般本科生工资水平的薪水吗？答案不言自明。你有能耐那是你的事，但只要你接受了这份工作，为公司创造的业绩也就这么一丁点儿，你就得老老实实地拿着你的那点工资。至于多一点儿，你就不用再去做什么黄粱美梦了。

海尔公司在用人时不会看重你的学历、裙带关系和情面，也不会看你过去所创造的成绩，而只看你今天的表现和业绩。在海尔人看来，昨天的奖状就等于今天的废纸，无论你曾经为公司作出过多大的贡献，只要你不能胜任今天的工作，那么你就不能担任相应的职位。在海尔公司，个人的收入和升迁只与业绩挂钩，业绩是衡量一个员工价值大小的唯一尺度。

站在管理者的角度，他们用人的标准一般都是以个人的实力来衡量的，他们会像猎豹一样盯住你的绩效。职场从来不相信眼泪和汗水，唯有业绩才能证明你存在的价值。因此，我们要放得下脸面和架子，把目光和精力专注于我们的业绩，在工作中一点一滴地积累，那么我们就一定能拿到更高的薪水。可以说，业绩是一个人价值的最好体现，你的业绩越突出，你的回报自然也就越大，公司也就越需要你这样的人才。

◎ 只有做好了，才叫做了

在职场上，有很多员工都抱着这样一种心态：将老板指派的任务一完成就万事大吉了。他们“把事情做完”的愿望远远胜过“把事情做好”的愿望，以“把事情做完”作为工作的唯一目标，要么懒散地敷衍了事，要么急于求成不注意细节，在工作中做了许多无用功，也得不到老板的认可与赏识，导致自己的“钱”途一片灰暗。

要知道，完成任务往往只是一种假象，任务完成得好，能给企业带来效益，而任务完成得差强人意，企业效益就会随之受损。企业要的就是实实在在的结果，否则效益从无谈起。或许从表面上看，员工之间工作效率差不了多少，任务完成得好与不好似乎也没有明显的界限，但每个人相差一点点，积累起来就会形成企业之间效益的巨大差距。在这个市场竞争激烈、企业微利经营的时代，又有哪个企业能经受得住全体员工这一点点工作效率差距的折腾呢？

现代企业最让老板头疼的问题，恐怕就是一些员工对指派的工作做表面文章，不积极努力地去做、不保质保量地完成了。这些员工在工作当中缺乏一种进取的激情，他们做事情也通常不会以老板的要求为指向，而是习惯于按自己的方式行事，并且得过且过，不重视日常事务，心态浮躁，导致基础工作不踏实、不完善，对什么都应付了事。员工抱持这样的工作作风，其实际效果可想而知。

每个人都有自己的工作岗位，也都有自己的工作方法和准则，这无可厚非。然而，虽说每个员工的风格各异，但在工作当中却要遵循一个最起码的准则，那就是：把工作做到位。工作如果不到位，就难以取得预期的效果，甚至等于没有做工作。在日常生活中，我们可以看到许多人外出都要带上一只旅行杯，假设旅行杯的盖子没有盖好、拧紧，杯里的水就会洒出来，这样旅行杯的作用会大大降低，其道理和员工工作不到位是一样的。

现实中，我们经常可以听到老板和员工之间类似这样的对话："那件事你做了没有？""做了。""什么时候有结果？""快了，还差一点就做好了。""你觉得自己做得怎么样？""这个，我也说不清楚……"老板在提问"做得怎么样"时，其意思很明显，是要员工对自己的工作有一个大致的评价，即工作的效果如何。然而，很多员工做事都停留在"做了""做完了"的层面，至于做得好不好，在他们的意识里完全没有概念。因为他们从来都不考虑这些事情，他们会想：反正你分配的任务我完成了，好与不好都是老板的事，和我没有太大的关系。

打个比方说，老板让员工给客户打一个电话，沟通一些重要的事情。员工接到任务后立即去打电话，结果却没人接，于是他就把这件事放下了，心想：反正电话我已经打过了，人找不到那可没办法。这名员工就把这样的结果汇报给了老板，很显然老板是不会满意的。因为老板要的结果是这名员工通过打电话找到客户，然后及时将那些重要的事情沟通到位，而这名员工完全没有搞明白老板的意图，打个电话没找到人就完事，那这又算什么事呢？

"做了"不等于把工作"做好了"。一个员工要想做好工作，首先就要弄明白老板的意图，搞清楚自己做这件事的目的以及要达到怎样的效果，而不是盲目地去做。在充分了解到做事的目的和效果之后，你就可以确定自己的思路和做事方式，制订出完善的计划，然后再全力以赴地去做，以确保结果的圆满实现。

就像上面所说的打电话，员工在接到任务后，先要想清楚此次打电话要达到何种目的，要想好如何才能达到这些目的。在心里有了计划之后，再去打电话，你就不会打一次找不到人就完事，而会执著地一次次去打，直至找到那位客户，跟他细细沟通完所有重要的事情，到最后实现目的为止。在这个过程中，如果一时找不到客户耽误了工作，你一定要及时向老板汇报，但要抱着积极的态度，你可以说："我刚才给这位客户打电话没人接，等一会儿我再打过去吧。"这样老板也不会苛责于你。因为你在向老板汇报工作时，不能只是提出问题，同时还要提出解决问题的方案，这样你才能成为一个受老板器重的优秀员工。

不管怎么说，我们做任何事情都要一抓到底，抓出成效来，而绝不能仅仅满足于"做了"。只有时时用结果思维审视自己的工作，你才可能事事高标准、严要求，将工作做到位，为自己的"薪"途不断增加筹码。

◎ 结果永远都是第一位的

当我们接到一项工作任务时，首先应该思考一下，领导通过这个任务到底想得到一个什么样的结果？而这个结果又能给组织创造多少价值呢？然后，就要抱着对结果、对价值负责的态度去完成这项任务。

为什么有些企业发展缓慢，甚至一蹶不振，而有些企业却能取得长足的发展呢？原因其实很简单，就是看谁能为客户提供更满意的结果。企业是靠为客户提供的结果生存的，不能为客户提供结果，企业的发展只能是水中花，镜中月。只有以实现结果为目标的过程才有意义，偏离了目标的努力再多也只是在做无用功。

在联想集团的《联想文化手册》中，其核心理念之一就是："不重过程重结果，不重苦劳重功劳。"因为，辛苦在很大程度上并不能和效益划等号的。斯蒂芬·柯维在《高效能人士的七个习惯》中提出"以终为始"的理念，也就是结果第一，过程第二。

有的员工做完一件事情后，不管工作的结果是否达到预定的要求，有没有为企业带来效益。就对领导说："事情就这样了，不管怎样，我已经尽到自己的努力了。"这是对工作不负责任的借口。

再多的借口并不会让你有更好的表现，只有努力工作才能做出更好的成绩。百事可乐的前董事长莫里·佩奇斯对那些一味找借口，却绩效甚微的员工非常不满。他对此说过的话很有意思："我是问你几点钟，不是问你怎样制作手表。"

我们要明白什么是真正的做事，那就是，不仅要关注做事的过程，更要注重做事的结果如何。因为，工作结果如何是衡量工作表现的重要指标。比如，对于销售部门来说，由于你所在的组织是根据结果来支付报酬的，那你就必须让领导看到你做事的结果。无论你的学历有多高，职位有多高，过去有多么辉煌的成绩，要想证明现在你对企业的价值，就要把结果做出来。

作为有着盈利性质的企业，将持续赢利作为经营的出发点，并以追求效益最大化为终极目标。如果军队不够强大，就会被敌人消灭；如果企业不够强大，就会被市场淘汰，优胜劣汰是千古不变的真理。

任何企业的存在和发展,都是以赢利为前提的。如果公司没有利润，那公司就无法生存，更谈不上发展，至于员工的报酬更无从谈起。企业生存的命脉是赢利，这就决定了它必然要重用那些能够为企业创造利润的员工。

工作的本质是要为公司创造价值，让自己成为公司的资产而不是负债。如果一个公司竞争力不够好，就会倒闭，因为社会没有理由养活一个不能为社会创造价值的公司。同样,一个人不能为公司创造价值，就没有理由让公司负担你的薪金。作为员工，要懂得，客户之所以同意付给报酬，是因为自己的企业向客户提供了他们满意的结果。

华为总裁任正非用坚定的语气对公司的中层干部说；"不打粮食的干部要下台！我们要清退那些责任结果不好、业务素质也不高的干部；我们也不选拔那些业务素质非常好，但责任结果不好的人担任管理干部。"

这番话虽然浅显易懂，但道理却意味深刻。没有良好的绩效，哪怕你自以为品质过硬、能力非凡，也必须让位。

有的公司要求所有中层干部都要签订个人绩效承诺书，承诺内容根据目标的高低，分为持平、达标、挑战3个等级。一个财政年度结束后，公司会根据该名干部目标的实际完成情况进行评估，这个责任评估将直接影响本人的任用。

公司不是慈善机构，可以无偿为你的博士、硕士或者学士的头衔买单。也许你真的是学富五车、才高八斗，但是，如果你不能把它转化为一定的财富，没有创造出任何价值，那你也只能是《水浒传》中的智多星——吴用（无用）了。

做好了才叫做了，不要以为自己已经够卖力了，就会理所当然地获得荣誉和奖赏。不但要努力做事，更要把事情做成，领导当然满意那些做事有条不紊、办事周到的人。如果一个人做事拖拉，总是留下后遗症，还必须经人东修西改的，又有哪个领导会重视这样的人？

企业提供给你一定的职位，付给你一定的薪水，那是因为你能为企业解决工作中遇到的问题。那些在工作中能比别人更早发现和解决问题的人是最受欢迎的。工作是要解决问题的，是要产生结果和输出的。不管怎么样，能找到方法解决问题、能够有好的输出结果那就是成功。

比如，项目签约之后，不管面临多么严重的困难，不管客户的要求多么苛刻，都要无条件地接受，想方设法克服困难，按时保质保量完成任务，兑现合同的承诺。否则，所完成的工作就不算真的完成。

我们要成为解决问题的人，而不是制造问题的人。也就是说，在工作中遇到问题时，要想办法通过自己的聪明、才智去解决这些问题，而不是轻易地把问题推给老板。老板的工作是制定战略、分配任务、协调管理，而员工的职责是贯彻落实、给出成果。

当其他人将问题推给领导的时候，你应该把解决问题的办法递交给领导。当其他人在忙于向领导解释他们的问题是如何如何困难重重的时候，你应该思考怎样选择更好的、切实可行的解决方案。

◎ 全力以赴，消灭借口

在工作中，我们经常听到一些同事不停地抱怨，一遇到困难就不停地找借口。当业绩做得不好时，他们总能找出种种的理由，诸如经济不景气啦、客户不好应付啦、市场竞争激烈啦，等等。他们不从自身找原因，却把责任都推到外部环境上，结果业绩越来越差，最后可能连自己的饭碗都保不住。要知道，在这个世界上，只有不成功的人，没有不成功的事。与其花费心思找借口，不如全力以赴地去做事，然后你就会发现，成功其实比找借口来得容易。

事实上，任何借口都是在推卸责任。因为工作就意味着承担责任，当工作不能完成时，也就意味着我们没有尽到责任，在这时寻找借口，就是把本应属于自己的责任推掉。在责任和借口之间，选择责任还是借口，体现了一个人的工作态度，但更直接影响到了你的工作业绩。在工作中，我们只有全力以赴、不找任何借口，我们的业绩才有保证。

无论做什么样的工作，也不论工作报酬的高低，我们都要秉着高度负责的精神，全力以赴地去把工作做好。有人在报纸上刊登了这样一则招聘广告："工作很轻松，但要全心全意，尽职尽责。"做一件事情，只要我们全力以赴地去做，事情就肯定能办成。因为这时你心里想的都是如何把事情办好，而不会想到失败，不会想到要寻找种种的借口去推托。这也从另一个反面说明，当你为做事情寻找借口时，当你失败时，你一定没有全力以赴地去做。

梁家辉是一家大型建筑公司的设计师。因工作需要，他常常要亲临施工现场进行勘察，还要为几个老板修改工程上的细节问题，工作非常之辛苦，但梁家辉仍全力以赴地去做，没有丝毫的怨言。

虽然从小娇生惯养，又是刚毕业的大学生，但梁家辉从不逃避强体力的工作。有时候楼梯一爬就是25层，有时候需要到荒郊野外去作业，有时候还要到缺少氧气和潮湿的地下车库去勘察……梁家辉从来都是一力承担下来，因为他知道，这就是自己的工作。

有一次，老板安排梁家辉为客户做一个可行性的设计方案，时间只有三天。任务紧急，梁家辉二话没说，去看完现场就开始工作了。在他看来，这是一件极具挑战性的工作，在之后三天的时间里，他一直处在一种异常兴奋的状态中，食不甘味，寝不安眠，满脑子想的就是如何把这个方案做好。他查阅了大量的资料，作了大量的统计分析，还向别人虚心请教。工夫不负有心人，三天后，梁家辉睁着布满血丝的眼睛，终于把设计方案交到了老板手中。老板十分高兴，对他的方案给予了充分的肯定。

事后，老板告诉他："我知道给你的时间非常紧，但客户那方面很着急，我们必须尽快把设计方案做出来。说实在的，如果你当初为自己找借口，不主动去完成这件工作，我可能已经把你辞退了。但你表现得非常出色，我最欣赏你这种全力以赴去把事情做好的人。"

如今，因做事积极主动、对工作认真负责，梁家辉已经是公司里的红人了，他的薪水也比先前涨了很多。

梁家辉因为在工作中不找借口，在艰难的任务面前没有退缩，全力以赴地去做，最终战胜了时间上的仓促，在规定的期限内给了老板一个满意的结果。事实上，只要我们全身心地投入工作，就能调动起自身的工作热情，并大大减轻工作中的疲劳，让自己圆满达成目标。

在工作中，任何问题都有很好的解决办法，任何事情都能把它做得更好，因此，我们要极力追求把工作做到尽善尽美。虽然我们永远不可能把任何事情都做得完美无缺，但是目标一旦确定下来，我们就不找借口、全力以赴地去做的工作态度，却能让我们自身不断得到提升。我们对工作的要求越来越高，于是我们离完美也就越来越近了，我们的业绩也正是在这种不断追求完美的过程中最大程度地得到实现的。

现实中，许多人失败就是因为做事草率。他们从来不会要求自己全身心地投入工作，反而要为自己的失败寻找各种各样的理由。这样的工作态度，注定只能成为一个平庸者。

我们一定要摒弃那种做一天和尚撞一天钟的消极怠惰心理，把工作当成自己的使命，能做到最好，就不允许自己只做到次好，能完成100%，就不要只做到99%。要知道，一个得过且过的人是很难在工作中取得业绩、在公司得到职位上的提升的。你应该把自己看成是一个杰出的艺术家，而不是一个普通的工匠，永远带着热情和信心去工作，全力以赴，让借口无处可逃。只有这样，你才能成为一个真正的成功者。

◎ 永远超越老板的期望

从进入公司的那一天起，我们就注定了这样的三种命运：第一，我们的工作质量不达标，成为一名不称职的员工；第二，我们的工作质量刚好达标，成为一名称职的员工；第三，我们的工作质量远远超标，成为老板心目中最优秀的员工。毫无疑问，我们都希望自己是一个优秀的员工，然而，要做到这一点并不是件容易的事情，大多数人到最后只是一名称职的员工。

在任何公司，一名不称职的员工如果不能在最短时间内补齐能力上的短板，使自己的工作质量达到老板的要求，就会遭到淘汰。而做一名称职的员工，你不会有失业之虞，甚至还可能得到晋升，但你不会给老板留下深刻的印象，在同事中间也不会有多大的影响力，同样你在公司中也永远无法达到事业的巅峰。但是，一名优秀的员工却能够让老板眼前一亮，因为你的工作成果远远超出了老板的期望。当他遇到一些高难度的工作时，也很自然地就会想起你，如此一来，一个大好的锻炼机会就降临到你身上了。

事实上，一个真正优秀的员工，他不会满足于将自己的工作只做到及格的分上，他会在工作当中精益求精，在做到让自己满意、别人满意的同时，还会让结果远远超出别人的期望。在工作中，他不断地学习新知识，不断地改进与提高，随着企业和自身的发展，他获得的机会越来越多，成长的速度也越来越快。

吴得意是明新玻璃制造厂的年轻工人。他来自一个偏远的小镇，由于自小家境贫寒，没有读过多少书，初进工厂时，车间里的工友们似乎个个都比他有文化，也更讨老板的欢心。吴得意不免有着一种深深的自卑感，他整天只顾埋头干自己的活计，不说一句话。

然而，时间一久，情形似乎发生了变化。老板来车间巡视时，对吴得意表现得格外亲切。到后来，老板就开始交代他去做一些不属于工人做的事情了，比如去客户那里送些资料啦，和供应商联络一些原料供应问题啦，等等。又过了一段时间，老板干脆让他管起了厂里的现金流水账。通过一系列的锻炼，吴得意很快学会了工厂经营管理方面的许多知识，他不时地给老板献计献策，成为老板身边一个不可或缺的人物。

在一次偶然的闲谈中，老板问吴得意道："你知道我为什么如此器重你吗？"吴得意摇摇头，谦虚地说自己猜不透老板的心思。老板笑道："因为你总是做得最好。你还在车间里的时候，虽然没有人要求你，但你还是精益求精，你生产出来的产品合格率远远超出了我的期望。后来，我又让你办其他的事情，你也比别人做得好。"

吴得意刚进工厂时只是一个普通的车间工人，而他的文化水平比同车间的工友们还要低，但由于他竭尽全力把工作做到了超出老板的期望值，用工作成果证明了自己的能力，因而在车间里成了出类拔萃的人物。由此，他很快就受到了老板的重视，得到了提拔。

现实中，如果你对自己的要求甚至超出了老板对你的期望，那么你就会积极主动地去工作。成功的机会是不会主动降临的，那些不积极主动工作的员工，不可能获得更好的发展机会。如果你只是在老板注意时才好好地表现，那么你就永远无法达到你想要的成功；而如果你所做的比老板期望的还要好、还要多，那么你就永远不用担心没有成功的机会。

在任何一家公司，那些不需要老板交代就自己找事做的员工，那些接到任务时不找任何借口的员工，那些永远也不问“怎么办”，而是自己想办法去克服困难的员工，那些在任务面前主动请命的员工，才是老板心目中最优秀的员工。一有升职的机会，老板首先想到的就是这些人。

要想超越老板的期望，做一个优秀的员工，我们无疑应该准时、保质、保量地完成工作任务，这是对一个员工最基本的要求。工作上的拖拉不仅是时间的问题，更会给公司的整体运行带来很大的影响，而劣质的工作无疑会给公司带来损失。对于员工来说，一旦接受了任务，就要全力以赴地去完成，在保质保量的同时，谨记工作期限，争取把任务完成在昨天。如果你在平常的工作中，总能提前完成工作任务，并且做得相当出色，这就意味着你能履行更艰苦的任务，能够担当更重要的职务。那么，在适当的时机领导自会对你委以重任。

在企业里我们或许常会听到这样的声音：“我没有机会，老板不重视我。”在说这句话之前，你是否仔细想过，你有足够让老板重视你的资本吗？答案是不言而喻的。那么，从现在开始，做一个积极主动工作的员工，永远保质保量、快速提前地完成任务，在给上司惊喜的同时，也让自己拥有一个更美好的前途吧！